Saindo das dívidas

Com alegria

por Simone Milasas

Saindo das Dívidas *Com Alegria*

Direitos Autorais © 2016 Simone Milasas

ISBN: 978-1-63493-143-4

Publicado por
Access Consciousness Publishing, LLC
www.accessconsciousnesspublishing.com

Impresso nos Estados Unidos da América

Facilidade, Alegria e Glória

Este livro foi escrito em inglês padrão da Inglaterra, "Queen's English".
(Afinal, sou australiana!)

Gratidão

Obrigada a todas as pessoas neste planeta que conheci e àquelas que ainda conhecerei.

Gary e Dain – pelas incríveis ferramentas de mudança de vida de Access Consciousness e à amizade e ao empoderamento que me fazem saber que qualquer coisa é possível.

Justine – minha agente de relações públicas - por sempre dizer quando algo não está ficando tão maravilhoso: "Não se preocupe, é apenas uma boa cópia!".

Moira – por mudar meus paradigmas, quando perguntou: "Por que não pode ter uma casa em Brisbane e em Sunshine Coast?".

Brendon – por ser o outro prazeroso, uma inspiração diária, sempre me vendo e sendo o diretor financeiro do que estamos criando juntos.

Rebecca, Amanda e Marnie – isso não poderia ter sido criado sem a ajuda de vocês. Obrigada a VOCÊS.

Joy of Business & Access Consciousness – obrigada pelo apoio e por serem incrivelmente criativos e divertidos para brincar/trabalhar!

Steve e Chutisa – obrigada pelas nossas criações financeiras 101 que fizemos juntos!

Chris, Chutisa, Steve, Brendon, Gary e Dain – obrigada por suas histórias de mudança que mostram às pessoas que sempre há uma possibilidade diferente.

Não desista. Não abandone. Continue criando e SAIBA que qualquer coisa é possível.

www.gettingoutofdebtjoyfully.com

Prefácio

Eu tinha uma dívida de $ 187.000 antes de estar disposta a mudar minha realidade financeira. Isso é muito dinheiro e na prática estava de mãos vazias! Tive muitos trabalhos diferentes e viajei por todo o mundo. Havia iniciado negócios e estava me divertindo muito. Ainda estava ganhando dinheiro, mas não tinha uma casa ou investimentos ou alguma consciência de quanto realmente era minha dívida. Evitava olhar para ela e, no fundo da minha mente, pensava que talvez ela se resolvesse por si só!

Em julho de 2002, conheci Gary Douglas, fundador do Access Consciousness® (empresa da qual atualmente sou Coordenadora Mundial), no festival Mente, Corpo e Espírito em que estava com um *stand* chamado "Boas Vibrações para Você", um negócio que eu tinha naquela época. Um amigo em comum trouxe Gary para dizer "olá". Gary me deu um abraço e me afastei imediatamente. Ele me disse: "Sabe, você ficaria muito melhor se estivesse aberta para receber. Ficaria mais feliz e ganharia mais dinheiro também". Eu pensei que ele era louco. O que ele quis dizer com "receber"? Não fazia sentido. Pensava que tinha que dar e dar, e isso era o que faria com que minha vida funcionasse melhor. Ninguém nunca disse nada sobre receber! Eu pensava que estivesse aqui neste planeta para *dar*.

Fui a uma das palestras de Gary no festival. Era sobre relacionamentos. Ele era verdadeiro, falava palavrões, era irreverente, era engraçado e não estava dizendo às pessoas o que elas deveriam ou não fazer. Ele foi a primeira pessoa a falar que você pode escolher o que funciona para você, que não tem de ser ou fazer o que alguém pensa que você deve fazer. Ele disse que você é o único que sabe o que é verdadeiro para você, ninguém mais. Esse era um ponto de vista totalmente diferente e totalmente empoderador. Fiquei intrigada.

Comecei a usar muitas das ferramentas de Access Consciousness e notei que minha vida começou a mudar de forma milagrosa. Fiquei mais feliz e todos os tipos de coisas na vida ficaram mais fáceis e mais alegres.

Ouvi Gary e seu parceiro de negócios, Dr. Dain Heer, falarem sobre as ferramentas de dinheiro de Access Consciousness algumas vezes, mas, honestamente, eu realmente não assimilava o que estavam dizendo ou prestava muita atenção. Até que, na minha terceira classe de Access, finalmente ouvi o que eles estavam falando sobre o dinheiro e as ferramentas que podem ser usadas para mudar sua situação financeira. Perguntei a mim mesma: "O que aconteceria se eu realmente usasse essas ferramentas?". Todas as outras partes da minha vida estavam mudando desde que passei a aplicar as ferramentas de Access, então talvez minha situação monetária também pudesse mudar?

Não disse a ninguém que usaria as ferramentas porque achava que seria igual como quando parei de fumar. Ninguém realmente me apoiou. De qualquer maneira, quantas pessoas realmente o ajudam a ganhar enormes quantidades de dinheiro? Então, só para mim, comecei a usar algumas das ferramentas, e minha situação com o dinheiro começou a mudar bastante rapidamente. O dinheiro começou a aparecer a partir de lugares aparentemente aleatórios e minha disposição para *receber* dinheiro aumentou dinamicamente até o ponto em que pude realmente *ter* o dinheiro que entrava, em vez de sempre ter que encontrar maneiras de gastá-lo ou liquidá-lo assim que aparecia. Hmmm - aquela palavra "receber" novamente. Talvez, afinal, Gary soubesse de algo quando sugeriu que eu estivesse aberta para receber!

Em dois anos, eu havia saído das dívidas!

Você pode esperar que eu diga que me senti maravilhosa por estar livre de dívidas, mas não foi assim para mim. Senti-me estranha sem ter dívidas. Eu estava mais confortável *na* dívida do que *sem* dívidas. Por um lado, a sensação era mais familiar. Também correspondia à energia da maioria dos meus amigos. E, definitivamente, correspondia à energia desta realidade, na qual todos "sabem" que é necessário lutar por e com o dinheiro. A crença geral é de que você tem que trabalhar arduamente por seu dinheiro. Não se supõe que o dinheiro deva aparecer com facilidade, alegria e glória. À luz de tudo isso, não é tão surpreendente que, dentro de um curto período de tempo (cerca de duas semanas), eu estava em dívida novamente. Por sorte, estava disposta a reconhecer o que estava fazendo. Escolhi estar ciente do que estava criando e, usando as ferramentas que aprendi com Access, finalmente consegui mudar minha situação monetária.

Neste livro, vou compartilhar com você os processos e as ferramentas que usei para passar de escolher dívidas a operar a partir de um espaço de estar disposta a ter dinheiro e a usá-lo para contribuir com alegria para a expansão da minha vida e viver. *Este livro realmente trata de criar uma realidade financeira que é alegre e funciona para você.* Se você pensa que gostaria de fazer isso, deve estar disposto a ser brutalmente honesto consigo mesmo e a fazer escolhas diferentes. Você precisa ter total clareza sobre o que realmente *gostaria* de escolher, porque a verdade é: *você* é aquele que cria tudo o que aparece em sua vida.

Pode ser fácil pensar que estou apenas proferindo uma trivialidade bem conhecida: "Você pode mudar qualquer coisa!". - e você pode ser tentado apenas a ignorar ou descartar, mas dê outra olhada no que estou sugerindo: se você deseja criar uma realidade financeira que realmente ame e realmente funcione para você, deve reconhecer que *você* é a única pessoa que pode mudar as coisas em sua vida, ninguém mais. Isso não significa que está sozinho no mundo e ninguém ou nada pode ajudá-lo ou contribuir com você. O que isso significa é que você tem que estar disposto a reconhecer que tudo o que apareceu em sua vida está lá porque você *criou isso lá*. A maioria das pessoas não quer ouvir isso, porque elas acham que precisam julgar o que atualmente não gostam em suas vidas mais ainda do que já fazem. Por favor, não faça isso! Por favor, não julgue você! Você não está errado. Você é um incrível e fenomenal criador.

Reconhecer que você é o criador de toda a sua realidade é empoderador - porque se você criou tudo isso, você pode mudar tudo isso também. E não precisa ser tão difícil, ou impossível, como pensa. Você, no entanto, precisa ter mais clareza sobre o que gostaria de criar como seu mundo financeiro - e depois usar as ferramentas que irão ajudá-lo a criar isso. E é por esse motivo que escrevi este livro - para lhe dar as ferramentas, as perguntas e convidá-lo a criar o que quer que você deseje ter.

Se você pudesse mudar qualquer coisa, se pudesse criar qualquer coisa em seu mundo financeiro, o que você escolheria?

Uma nota especial: todas as ferramentas deste livro são de Access Consciousness; as histórias são minhas. Um enorme agradecimento a Gary Douglas e a Dr. Dain Heer por sempre serem contribuição e fonte de mudança sem fim.

Sumário

Parte Um

Nova realidade financeira 101

Capítulo 1

O que faz dinheiro?

Se você está procurando uma solução rápida para seus problemas financeiros, aqui não se trata disso.

Se está procurando algo que lhe dê as perspectivas e as ferramentas para mudar todo o seu estilo de vida, sua realidade e seu futuro com o dinheiro e se você está disposto a dar-se, pelo menos, 12 meses e ver o que pode ser criado neste tempo, este livro terá muito a contribuir com você.

O que realmente gostaria que percebesse é que você é a fonte para a criação de dinheiro em sua vida. Quando está disposto a ser tudo o que você é, você se torna uma fonte infinitamente criativa para tudo em sua vida - incluindo dinheiro. Você possui uma capacidade ilimitada (e principalmente não acessada) para criar uma realidade financeira que funcione para você. O problema é que nos foram ensinadas muitas coisas sobre dinheiro que simplesmente não são verdadeiras. Quando começamos a descompactar esses mitos e equívocos e começamos a jogar com diferentes perspectivas e combiná-las com ferramentas simples e pragmáticas, mudanças dinâmicas em nosso mundo monetário tornam-se muito mais fáceis e mais alegres de serem criadas.

E se o dinheiro não for o que você tem acreditado, o que lhe foi dito, vendido ou ensinado que é? E se a sua disposição em ser curioso, questionador e brincalhão e em receber o aleatório, inesperado e imprevisível pudesse fazer você ganhar muito mais dinheiro do que alguma vez imaginou?

Você está disposto a ter a aventura de criar uma vida e viver com muito dinheiro? Verdade? Você respondeu "Sim"? Então, vamos começar!

NUNCA APARECE COMO VOCÊ PENSA QUE APARECERÁ (CONHECIDO COMO O MITO DA CAUSA E EFEITO)

A maioria das pessoas acredita que as finanças e o dinheiro são uma coisa linear. Repetidamente nos disseram: "Para ganhar dinheiro, você tem que fazer e ser A, depois B, depois C". Essa é a mentalidade em que vivemos, e passamos nosso tempo procurando constantemente a fórmula perfeita para ganhar muito dinheiro. Continuamos a olhar para o dinheiro como algo que só aparece como resultado de fazer certas coisas (como trabalhar duro, trabalhar muitas horas, herdar dinheiro ou ganhar na loteria). Mas e se a criação de dinheiro não fosse necessariamente um paradigma de causa e efeito? E se o dinheiro pudesse aparecer sob todas as formas, de todos os lugares?

Quando mudei minha realidade financeira, o dinheiro surgia nos lugares mais bizarros. O dinheiro me era presenteado e apareciam trabalhos realmente estranhos e lucrativos. Também foi muito mais fácil reconhecer e receber coisas diferentes, porque, naquele momento, eu estava perguntando: "De quais inúmeras e diferentes maneiras o dinheiro pode aparecer para mim agora?". Estava disposta a fazer qualquer coisa e pegar qualquer trabalho que acrescentasse à minha vida e expandisse minha realidade financeira. Não recusei o dinheiro ou as possibilidades. Em vez disso, abri-me para eles, sem nenhum ponto de vista do que pareciam. Isso permitiu que as coisas aparecessem e contribuíssem para a minha vida de maneiras que eu não poderia nem mesmo reconhecer se tivesse decidido que o dinheiro tinha que entrar na minha vida de uma forma de tipo linear "A, B, C".

E se você pudesse ser a pessoa estranha que muda sua realidade em torno do dinheiro e finanças para sempre, abrindo mão de seus pontos de vista lineares em torno do dinheiro? E se você pudesse ter fluxos de receita ilimitados? E se você pudesse criar dinheiro de maneiras que ninguém mais pode? Você está disposto a desistir de ter que computar, definir ou calcular *como* o dinheiro aparecerá e permitir que ele venha à sua vida de maneira aleatória, mágica e milagrosa? Não importa o que pareça? Mesmo que pareça *totalmente* diferente de tudo o que você já considerou?

> *"Desista de pedir para manifestar coisas e deixe o universo fazer trabalho dele!".*

Há muito tempo, eu era meio que uma hippie. Adorava todas as coisas espirituais e ficaria chateada se esquecesse de limpar meus cristais sob a lua cheia. Meus amigos e eu falávamos sobre o que gostaríamos de "manifestar" em nossas vidas. Imagine minha surpresa quando conheci Gary Douglas e ele explicou que "manifestar é 'como' as coisas aparecem - e como algo aparece é trabalho do universo. É seu trabalho atualizar: é seu trabalho pedir e estar disposto a receber, *não importando como* apareça".

Confuso? Ok, vamos ver isso um pouco mais de perto. *Manifestar* realmente significa "como isso aparece". Quando você diz ao universo: "Eu gostaria de manifestar isso", você está dizendo: "Eu gostaria de *como isso aparece* isso", o que não faz sentido. É confuso e pouco claro para o universo e, portanto, não pode ser entregue. O universo deseja contribuir com você, você pode pedir qualquer coisa! Mas, quando você o fizer, seja claro e peça para algo aparecer em sua vida, e não como isso aparecerá. Pergunte: "O que se requer para que isso apareça? O que se requer para atualizar isso na minha vida de imediato?". Basicamente, se você deseja que o universo o auxilie, peça O QUE você quer, e não COMO você o quer, o que significa abrir mão de pedir para "manifestar" as coisas. Crie mais clareza entre você e o universo - comece a pedir que as coisas se atualizem e apareçam em sua vida e deixe o universo cuidar do "como".

Quanto tempo você gasta tentando lidar com "como" as coisas aparecem em sua vida?

Quanto tempo você desperdiça de energia e esforço tentando alinhar as coisas e controlar para que certos resultados passem a existir? Quanto tempo você gasta tentando desesperadamente descobrir *como* e *quando* tudo acontecerá, em vez de pedir e simplesmente estar disposto a reconhecer e receber quando isso acontecer? O universo tem uma capacidade infinita de manifestar e, geralmente, tem uma maneira muito maior e mágica de fazê-lo do que você pode prever. Você estaria disposto a desistir de todas as suas considerações sobre como algo deve aparecer e deixar o universo fazer o trabalho sem impedimentos? Tudo o que você precisa fazer é receber e parar de se julgar.

Você deve estar disposto a parar de tentar controlar, prever ou descobrir como (e quando) o dinheiro aparecerá e estar disposto a atualizá-lo. Para atualizar com maior facilidade, deve retirar os antolhos e vendas dos olhos e abrir-se para a miríade de maneiras com que o universo deseja presenteá-lo, então você não vai deixar escapar quando isso acontecer.

Às vezes, o universo tem que mover as coisas para criar o que você deseja. Pode não acontecer imediatamente, mas isso não quer dizer que nada esteja acontecendo! Não julgue que não pode ou que não aparecerá, não julgue que você está fazendo algo errado, senão vai interromper o que começou quando pediu o que deseja. Seja paciente e não limite as possibilidades futuras.

Lembre-se: "Demande de você mesmo e peça ao Universo".

"Dinheiro não é apenas dinheiro em espécie".

Gary frequentemente conta uma história sobre uma senhora que veio a um de seus cursos de dinheiro. Algumas semanas depois, ele a chamou para ver como as coisas estavam indo, e ela disse: "Nada mudou, isso não funcionou para mim!".. Ele perguntou por que ela pensava assim, e ela disse: "Porque meu saldo bancário é o mesmo que era antes".

Gary perguntou-lhe o que mais aconteceu recentemente. Ela disse: "Bem, um amigo meu comprou um carro novo e me deu o antigo de graça. Outra amiga me deu todo seu guarda-roupa de *designer* que ela nunca usou, pois não quer mais e, atualmente, estou morando na praia em um condomínio realmente agradável, sem pagar aluguel, enquanto a mesma amiga está no exterior por 6 meses".

Gary disse à mulher: "Você tem um carro novo, um novo guarda-roupa e um lugar incrível para viver - e acha que nada mudou! Você acabou de receber milhares de dólares em coisas nas últimas semanas! Como isso *não* é mais dinheiro em sua vida?". A mulher só estava aberta para ver o dinheiro em sua vida como dinheiro no banco. Mas quanto custaria a ela comprar um carro, um guarda-roupa de grife ou pagar aluguel onde vivia?

Há tantas maneiras pelas quais o dinheiro e os fluxos de caixa podem entrar em sua vida, mas, se você não está disposto a reconhecê-las, se pensa que eles devem parecer de certa forma, você vai pensar que não está mudando as coisas, quando, na verdade, está. E se você estivesse disposto a ter todas as maneiras sob as quais o dinheiro pode aparecer em sua vida, e mais?

Você está disposto a desistir de prever, controlar e resolver isso, a seguir a jornada de pedir o que realmente deseja ter como sua realidade financeira e receber a aventura de ter isso aparecendo de maneiras que não pode imaginar atualmente?

Se assim for, é hora de olhar para outra ferramenta essencial para criar dinheiro: pedir e receber.

PEÇA E RECEBERÁ

As pessoas fazem julgamentos e declarações sobre dinheiro o tempo todo, mas pouquíssimas fazem perguntas sobre ele.

Se você é como quase todo mundo no planeta, tende a julgar-se sobre a quantidade de dinheiro que tem e não tem. O engraçado é que não importa se você tem muito ou pouco dinheiro - a maioria das pessoas possui toneladas e toneladas de julgamentos sobre o dinheiro. Independentemente do que está em sua conta bancária, pouquíssimas pessoas realmente têm uma sensação de facilidade, paz e abundância com o dinheiro.

Você deve ter ouvido o ditado: "Peça e receberá". Alguma vez realmente pediu pelo dinheiro? Você já esteve alguma vez realmente disposto a recebê-lo? Receber é simplesmente estar disposto a ter infinitas possibilidades para que algo entre em sua vida, sem um ponto de vista sobre o que, quando, como ou por que aparece. Sua capacidade de receber dinheiro se abre quando você perde seus julgamentos de dinheiro e de você em relação ao dinheiro.

Se realmente deseja mudar sua realidade financeira, desistir do julgamento terá que ser uma das principais etapas do processo. Ao contrário do que o mundo nos diz, os julgamentos não criam mais em sua vida. Eles o mantêm preso em um mundo polarizado de certo e errado, bom e ruim, alinhando e concordando ou resistindo e reagindo. O julgamento não lhe dá liberdade, escolha ou possibilidade de qualquer coisa diferente além de um lado ou outro da moeda. O julgamento impede que você pergunte e o impede de receber. O antídoto? ESCOLHA. No momento em que está se julgando, você precisa escolher parar e demandar de si mesmo que não irá se julgar mais e nem irá para algum pensamento ou conclusão limitada. E, então, faça uma pergunta.

Voltemos, por um minuto, àquele conceito de ser linear com o dinheiro. Quando você acredita, com base em um monte de pensamentos, sentimentos, julgamentos e conclusões, que o dinheiro só pode aparecer de determinadas maneiras, então o dinheiro não pode aparecer de outra maneira que não seja a que você decidiu que é possível ou provável. Com cada julgamento do que decidiu que não é possível, você fica cego a qualquer coisa que possa aparecer além do seu ponto de vista limitado, como o caso da senhora que conversou com Gary e que havia criado em sua vida todas aquelas coisas que valem muito dinheiro, mas decidiu que nada havia mudado porque seu saldo bancário era o mesmo. Se você está disposto a soltar seus julgamentos em torno do dinheiro, pode começar a ver as possibilidades que, anteriormente, considerava impossíveis em sua vida e convidar cada vez mais e mais a vir até você.

E uma das formas mais simples de convidar dinheiro para sua vida é pedir!

Tenho notado que, geralmente, as pessoas não são muito boas em pedir coisas. Se você olha para as crianças pequenas, elas são naturalmente muito curiosas, querem saber sobre as coisas e costumam fazer muitas perguntas. E, muitas vezes, isso é desencorajado.

Quando era criança, fui desencorajada, não podia falar de negócios ou dinheiro à mesa do jantar, pois minha mãe foi criada acreditando que isso não eram boas maneiras. Eu sempre estava curiosa sobre negócios e dinheiro e meu pai e meu irmão eram contadores e ambos amavam negócios. Eu queria fazer perguntas o tempo todo, especialmente à mesa do jantar, quando estávamos todos juntos, mas não era permitido, porque não era apropriado.

Você foi ensinado que não é apropriado, ou que é ruim falar sobre dinheiro? Você foi ensinado que é errado perguntar sobre dinheiro? Você foi desencorajado a fazer perguntas, quaisquer que fossem?

Conheço tantas pessoas que foram criticadas por sua curiosidade desde jovens. Tenho um amigo cuja mãe, uma vez, colou sua boca com fita adesiva para fazê-lo parar de falar porque ele fazia muitas perguntas! Outro amigo, sempre que fazia perguntas quando criança, ouvia sua família dizer: "A curiosidade matou o gato, ela pode, por favor, matar você?".

Na verdade, à maioria das pessoas no planeta é ensinado que pedir dinheiro ou qualquer coisa é algo que realmente não deveria ser feito, a menos que se tenha uma razão ou justificativa realmente boa, como ter trabalhado bastante ou provar que merece isso.

Anos atrás, minha fabulosa razão para ter dinheiro era: "Eu deveria ter muito dinheiro, porque iria fazer coisas boas com isso. Vou usá-lo para ajudar as pessoas". Agora, não há nada de errado com essa ideia essencialmente, mas isso significava que, a cada pouco de dinheiro que entrava na minha vida, eu não podia permitir que contribuísse para a minha própria vida. Eu não estava na equação de pessoas que poderia ajudar. Isso basicamente significava que, sempre que recebia dinheiro, tinha que me livrar dele. Não poderia ter isso na minha vida ou deixá-lo contribuir comigo diretamente, porque tinha que estar ajudando outras pessoas o tempo todo. O mais engraçado é que, uma vez que me permiti ter dinheiro, realmente tê-lo em minha vida e deixá-lo contribuir com a minha vida, apreciá-lo e apreciar a mim, minha capacidade de contribuir com os outros aumentou e continua a aumentar - exponencialmente.

Assim é: o dinheiro não tem um ponto de vista, não tem uma bússola moral que diga, "Você foi bom, então pode ter mais dinheiro" ou "Você foi ruim, então não há dinheiro para você!".. O dinheiro não julga. O dinheiro aparece para pessoas que pedem e estão dispostas a recebê-lo.

Dê uma olhada no mundo - você percebe que existem pessoas gentis e desagradáveis com dinheiro e pessoas gentis e desagradáveis sem dinheiro?

Você não precisa provar que é bom ou ruim ou que merece dinheiro, deve estar disposto a parar de julgar se merece dinheiro e pedir por isso, simplesmente porque você pode. Só porque é divertido ter dinheiro!

E se você pudesse pedir dinheiro só porque sabe que a vida pode ser mais divertida com ele do que sem? E se o propósito da sua vida for se divertir? Você está se divertindo?

DINHEIRO SEGUE ALEGRIA, NÃO O CONTRÁRIO

Muitas pessoas me perguntam sobre como podem criar mais dinheiro em suas vidas. Conversei com pessoas que ganham um salário fixo todos os meses ou todas as semanas, bem como aquelas que criam outras maneiras de fazer seu dinheiro, em que o valor varia de semana para semana ou mês a mês. Independentemente da situação, digo a elas que trazer mais dinheiro diz respeito à energia *generativa* que você cria.

Uma maneira mais simples de dizer isso foi elegantemente apresentada na declaração do Dr. Dain Heer: *"O dinheiro segue a alegria; a alegria não segue o dinheiro"*.

Às vezes, ouço as pessoas dizerem: «Quando tiver uma quantia x de dinheiro, ficarei feliz ou em paz ou tranquilo». E se você simplesmente acordasse feliz? E se você tivesse paz? E se você tivesse facilidade? E se você simplesmente começasse a ser uma energia diferente, agora mesmo? O tipo de energia que convida o dinheiro para a sua vida?

"Se sua vida fosse uma festa, o dinheiro desejaria vir?".

Se você olhasse para sua vida atual como uma festa, que tipo de convite ela seria para o dinheiro?

"Bem... Estou dando essa festa, mas não estamos nos divertindo. Não temos boa comida ou bebida, não vamos usar roupas bonitas e, quando você aparecer, provavelmente, vou me queixar de você não ser o suficiente para mim, de nunca ficar muito tempo, e quão chateado eu fico toda vez que penso em você. E, quando você sair, também vou julgá-lo por isso, ao invés de agradecer por você ter vindo. E, constantemente, vou falar mal de você pelas costas".

Se recebesse um convite para uma festa como essa, você gostaria de ir?

Se você fosse convidado para uma festa onde o anfitrião dissesse: "Uau, estou tão agradecido por você estar aqui, obrigado por ter vindo!". Com comida incrível, excelente champanhe, música, pessoas que realmente estivessem se divertindo e curtindo você, que não o julgassem por deixar a festa, mas o convidassem a retornar sempre trazendo tantos amigos quanto quisesse – talvez este seja o tipo de festa que entusiasme mais o dinheiro?

E se você começasse a viver sua vida como a celebração que ela pode ser, hoje? E se não esperasse o dinheiro aparecer? E se você começasse a fazer e ser o que lhe traz alegria, agora mesmo?

"O QUE LHE TRAZ ALEGRIA?".

A energia que você cria quando se diverte, quando está totalmente e felizmente envolvido em algo que ama, é generativa. Não importa como você cria essa energia. Não precisa estar diretamente relacionada ao que atualmente faz para ganhar dinheiro (lembre-se, estamos desistindo da linearidade e da causa e efeito). A energia generativa (a energia da alegria) contribui para sua vida e seu negócio, não importa quando, como, onde e por que você a crie, ou com o que você crie.

Realmente não nos perguntamos o que nos traz alegria e não procuramos as inúmeras maneiras de ganhar dinheiro com a diversão - por isso pode levar algum tempo para você ter clareza sobre o que lhe traz alegria. Você estaria disposto, de algum modo, a começar a se perguntar e a escolher o que quer que seja?

Meu parceiro, Brendon, tornou-se um "tradie" (que é uma gíria australiana para comerciante) ainda muito jovem. Ele era um ladrilhador. Durante muito tempo, Brendon acreditava que colocar ladrilhos era a única coisa que poderia realmente fazer na vida, mesmo que, na verdade, tivesse capacidade para muito mais. Quando começamos a nos encontrar, ele realmente estava muito alegre em ser um ladrilhador. Então, dei-lhe espaço para se perguntar o que realmente lhe trazia alegria e escolher algo diferente. Sustentei Brendon e seu filho, financeiramente, por 18 meses. Eu podia ver suas capacidades, e também podia ver que ele precisava do espaço para fazer algumas escolhas sobre o que desejava fazer com sua vida. Naquele tempo, ele se tornou mais e mais ele mesmo. Descobriu mais sobre em que ele era ótimo e o que o deixava feliz, fosse cozinhar pratos incríveis, projetar e realizar reformas em casa, investir no mercado de ações ou em imóveis. Se ele tivesse ficado preso à ideia de que tinha que permanecer ladrilhador para o resto da vida, nunca teria se permitido essa mudança.

E se você pudesse permitir a qualquer um (mesmo a você) o espaço para escolher algo diferente? Não importa quantos anos você tenha, não importa quanto tempo demore e não importa se você não tem ideia de por onde começar.

Se você tem 55 anos e faz essa pergunta a si mesmo e diz: "sempre quis realmente estar no circo" - esteja no circo! Faça o que adoraria fazer, pois isso lhe trará mais dinheiro. Não crie nada como justificativa de por que você não está escolhendo algo.

"Sua vida é seu negócio, seu negócio é sua vida!".

O que você gosta de fazer apenas por diversão? E se você fizesse isso uma hora por dia, um dia por semana?

Eu tenho esta máxima: "Sua vida é seu negócio, seu negócio é sua vida". E se o negócio de viver fosse o negócio em que você realmente se encontra, sem importar o que você, na realidade, faz como trabalho? Com qual energia você está administrando sua vida? Você está se divertindo?

Muitas vezes, saio com meu cachorro para passear na praia de manhã. Toda vez que vamos, é como se fosse a primeira vez para ele. Ele circula com energia exuberante como se dissesse: "Isso é incrível! Isso é incrível!".. Ele corre pela praia e entra no mar e se diverte. Para mim, muitas vezes, quando estou curtindo a praia e estou ao lado do meu cachorro, tenho minhas melhores ideias criativas e generativas. Criar esse espaço de alegria é uma contribuição para nós mesmos que não reconhecemos o suficiente.

Nenhuma quantidade de dinheiro no mundo pode criar felicidade. Você cria. Ao fazer o que você gosta de fazer. Sendo VOCÊ. Então, por favor, comece a fazer e ser o que quer que você realmente deseja fazer e ser. Comece sendo feliz. Apenas comece.

Se você deseja ter mais dinheiro em sua vida, deve estar disposto a ter bons momentos. Não importa o que se requeira, não importa como e não importa como isso apareça, porque nunca aparece como você acha que será. Você deve estar disposto a ter alegria e permitir que o dinheiro a siga.

PARE DE FAZER O DINHEIRO SIGNIFICANTE

O que o dinheiro significa para você? Tem muita significância em sua vida? Que emoções você tem em torno do dinheiro? Alegria, felicidade, facilidade? Ansiedade, estresse e dificuldade?

Tudo o que fazemos significante e importante torna-se uma fonte de julgamento de nós mesmos e daquilo que tornamos significante.

Quando dá significância a alguma coisa, torna-a maior e mais poderosa do que você. Qualquer coisa que tenha significância em sua vida, você faz *disso* a coisa poderosa, e de *você* a vítima impotente. Não é realmente verdade que essa coisa é maior ou que você é impotente, mas o que faz é que a torna tão importante e significativa para você em sua vida que decide que não pode viver sem ela. Você faz com que você não tenha escolha com respeito a isso - exceto fazer o que for preciso para mantê-la. O problema é que, quando você se agarra com força a algo, a vida disso se exaure. Quando cria significância em torno de qualquer coisa, você a sufoca e se sufoca, de modo que não há espaço para crescer, respirar, mudar ou expandir.

Você percebeu também que, quando torna algo significativo, importante ou imperativo, fica praticamente impossível sentir-se brincalhão, feliz ou à vontade com ele? Torna-se impossível criar verdadeiramente mais em sua vida, porque você está muito ocupado tentando não perder o quanto você tem atualmente. Isso é exatamente o que tendemos a fazer com o dinheiro.

Há *muito* significado em torno do dinheiro.

Pode parecer impossível pedir-lhe para imaginar sua vida sem que o dinheiro tenha significância, mas olhe por um minuto. Se o dinheiro não fosse significativo, quanta liberdade isso lhe daria? Quantas escolhas mais? Quanto mais leve e mais feliz você se sentiria em todos os aspectos da vida?

E se você começar hoje com a criação de cada parte de sua vida como uma celebração alegre?

Há muitos anos, percebi que estava ficando presa em uma mentalidade de escolher tudo o que poderia fazer ou não, com base no dinheiro na minha conta bancária. Estava me perguntando o que precisaria para criar o dinheiro para ir à Costa Rica para um evento do Access Consciousness. Lembro-me de um momento um pouco depois, quando estava sentada com um maço de dinheiro que havia criado. Eu tinha o dinheiro na minha mão, mas estava percorrendo todos esses pensamentos sobre o que deveria estar fazendo ou poderia estar fazendo com ele e me preocupando se iria aparecer mais ou não. Alguém me disse, naquela época: "Quando você vai parar de tornar o dinheiro mais significante do que você?".

E, quando olhei para o dinheiro na minha mão, comecei a vê-lo como belos pedaços de papel colorido. Olhei para tudo e pensei: "Uau, estou fazendo esse papel em minha mão ser mais significativo do que as escolhas que eu poderia fazer na minha vida? Isso é insano!".. Depois disso, demandei de mim mesma não fazer o dinheiro valer mais do que eu. O que você precisa lembrar é que o dinheiro não é a fonte da criação, você é a fonte da criação. VOCÊ cria sua vida!

Para criar uma realidade financeira alegre com dinheiro, você deve desistir de tudo o que decidiu ser significante em relação ao dinheiro e deve estar disposto a ser alegre e feliz, com ou sem dinheiro. E se você começasse a criar sua vida como um convite irresistível para o dinheiro vir brincar com você? Que pontos de vista sobre o dinheiro você teria que perder para criar isso com facilidade?

Capítulo 2

O que muda a dívida?

Qual é o seu ponto de vista sobre a dívida? Parece normal, inevitável ou irrevogável para você? Você foi ensinado a acreditar que a dívida é ruim, errada ou um mal necessário? Você evita olhar para sua dívida? Você se mantém ignorante sobre a dívida e espera que ela cuide de si mesma?

E se eu lhe dissesse que a dívida é apenas uma escolha? Não é bom, não é ruim, não é certo ou errado - é uma escolha.

Isso pode parecer simplista, mas a ferramenta mais essencial e poderosa para sair da dívida é reconhecer que a dívida é uma escolha que você possui, e que você pode mudá-la se desejar fazê-lo. Depois de fazer a escolha de sair da dívida, você pode mudar tudo.

Muitas vezes, quando digo às pessoas: "A dívida é apenas uma escolha. O dinheiro é apenas uma escolha", elas realmente não querem saber disso. Elas preferem julgar a si mesmas a dar uma olhada no que estão criando atualmente como sua realidade.

Você pode se perguntar: "Se a dívida é apenas uma escolha, por que a tenho? O que fiz de errado? Por que não entendi direito?". Por favor, não julgue, culpe ou procure o seu erro. E se nada que você já tenha sido ou feito seja errado? Isso o fez chegar a este momento, procurando algo diferente, lendo este livro e procurando outras possibilidades com o dinheiro, certo? Então, e se agora for o momento perfeito para escolher algo novo?

Você pode escolher algo novo, imediatamente. No momento em que escolhe algo diferente, você muda sua realidade com o dinheiro. No momento em que você diz a si mesmo: "Sabe o que mais? Não importa o quê, vou mudar isso!".. Você se capacita para começar a tirar os óculos cor de dívida e passa a perguntar: "O que mais é possível?". e "O que posso fazer para mudar isso?".

O quanto você criou sua vida a partir de um lugar de dívida? E se, ao invés de escolher a partir de um ponto de vista de "não posso mudar isso", você acessasse a pergunta: "E se eu pudesse escolher qualquer coisa? E se eu escolhesse algo para mim? O que eu gostaria de criar?".

Quando você muda seu ponto de vista, sua realidade muda. Qual ponto de vista você possui que está criando sua situação financeira atual? E se você permitisse mudar esse ponto de vista? Isso lhe daria liberdade para escolher algo diferente?

SEU PONTO DE VISTA CRIA SUA REALIDADE (FINANCEIRA)

Qual a diferença entre o que é real e o que não é real para você na vida? É sua escolha como enxerga isso. O ponto de vista que você teve sobre o dinheiro até agora criou sua situação monetária atual. Como isso está funcionando para você?

Desde o momento em que somos concebidos, absorvemos a realidade dos nossos pais, a realidade da nossa comunidade, dos nossos amigos, nossos parentes, nossos pares, nossos professores, nossa cultura e a realidade da nossa sociedade a respeito do dinheiro. Esses pontos de vista são constantemente projetados sobre nós e espera-se que os compremos. Não nos ensinaram a questionar se é verdadeiro, real ou relevante para nós. Dizem-nos: "É assim que é, esta é a realidade da situação". Mas e se não for?

Eu poderia ter comprado o ponto de vista da minha família de que era inapropriado falar sobre dinheiro à mesa de jantar e me sentir errada por querer falar de dinheiro durante o jantar. Eu poderia ter parado de fazer isso. Mas o que eu fiz, em vez disso, foi reconhecer que o ponto de vista deles era apenas o ponto de vista deles e que não precisava ser real e verdadeiro para mim. Meu parceiro e eu adoramos falar sobre dinheiro com uma taça de vinho no jantar. Nós temos o que gostamos de chamar de '101 Financeiros' enquanto desfrutamos das deliciosas refeições que ele cozinha. Falamos sobre onde estamos no que diz respeito ao dinheiro, o que gostaríamos de criar com dinheiro em um, cinco ou dez anos no futuro, e brincar com a ideia do que mais é possível que não consideramos. Nós nos divertimos, geramos muito entusiasmo e alegria em nossas vidas, bolamos ótimas ideias e estabelecemos novos alvos. Se tivesse comprado os pontos de vista de outras pessoas como verdadeiros para mim, não teria sido capaz de criar essa maravilhosa parte da minha realidade que desfruto com meu parceiro e que contribui imensamente para nossas vidas e para a criação de nossas finanças.

Se você "des-fixasse" seus pontos de vista fixos sobre dinheiro, se não tivesse julgamento sobre o dinheiro, o que você criaria como sua realidade financeira? Seria séria e problemática, como nos dizem com frequência que é? Ou você criaria algo muito, muito diferente?

> *"Você decidiu que as coisas sólidas e pesadas na vida são reais_?".*

Falei com uma mulher que queria expandir seus negócios, mas concluiu que não teria dinheiro suficiente para sobreviver se avançasse com seu plano. Ela se sentia paralisada. Disse que sabia que estava funcionando a partir de uma energia que não era real ou verdadeira, porém, mesmo assim, isso a manteve dentro de uma caixa. Perguntei-lhe: "Você está tornando suas conclusões reais? Há um peso com respeito a elas que associamos com essa realidade. Mas e se não houver nada com elas? E se elas forem apenas um interessante ponto de vista?".

A mulher perguntou: "Mas não é real que eu precise de dinheiro para pagar minhas contas? Não é real que eu precise de dinheiro para pagar minha comida? Isso tudo não é real?".

Eu disse: "Todos estão lhe dizendo: 'Você tem que pagar suas contas e tem que comprar sua comida', mas essas são conclusões. Você não tem que fazer essas coisas. Você poderia declarar falência. Poderia não pagar suas contas. Poderia simplesmente deixar tudo de lado. Poderia ir para a casa de um amigo e comer seus alimentos. Há um milhão de coisas diferentes que poderia fazer. Você também poderia escolher criar algo completamente diferente". Isso realmente traz de volta para a escolha. Você tem escolha. O que você está escolhendo?

Há muitos anos, também estava tendo um período difícil e liguei para um amigo. Quando contei o que estava acontecendo, ele disse: "Sim, Simone, mas isso não é real". Estava em minha cozinha pensando: "Isso é real. Isso é real". Comecei a rir porque queria muito que meu amigo acreditasse na perspectiva de onde eu estava funcionando. Eu queria que ele se alinhasse e concordasse com as minhas conclusões e limitações e dissesse: "Sabe o quê? Você está certa, isto é real".

O que você decidiu que é real e não é real para você? Por que você decidiu que é real? Porque essa foi a sua experiência no passado? Porque "sente" que é real: pesado, sólido, substancial ou imóvel? Poderia algo que é verdadeiro para você realmente dar a sensação de uma tonelada de tijolos, ou isso faria você se sentir mais leve e feliz?

Olha para algo que é sólido - como um tijolo ou um prédio. A ciência nos demonstrou que mesmo as coisas mais sólidas são, na verdade, 99,99% de espaço. E se o que você decidiu que é real, sólido e imóvel, na verdade, não for, e isso for exatamente como você foi ensinado a enxergar? O que poderia mudar se você preferisse reconhecer que talvez tudo o que você pensa que seja assim não é necessariamente assim?

"Uma ótima ferramenta para criar facilidade com qualquer ponto de vista é torná-lo interessante, em vez de real".

Uma das minhas ferramentas favoritas do Access Consciousness é esta: nos próximos três dias, para cada pensamento, sentimento e emoção que surgir (não apenas sobre o dinheiro, mas sobre tudo), como seria se você dissesse a si mesmo: "Interessante ponto de vista, eu tenho esse ponto de vista"? Repita isso algumas vezes e observe se algo muda. Vamos tentar: qual é o seu maior problema com o dinheiro agora? Acesse esse pensamento e qualquer sentimento ou emoção que o acompanhe. Agora, olhe para ele e diga: "Interessante ponto de vista, eu tenho esse ponto de vista". Alguma coisa mudou? Caso contrário, diga novamente. Diga isso mais três vezes, mais dez vezes. Observa qualquer coisa diferente? Será que fica mais difícil reter? Isso se torna menos substancial e sólido? Quando você para de comprar qualquer ponto de vista como real ou absoluto e o vê como meramente interessante, ele começa a ficar mais leve e a ter menos impacto em seu universo. Quando você diz: "Interessante ponto de vista, eu tenho esse ponto de vista" para um pensamento, sentimento ou emoção, e ele se dissipa ou muda, significa que realmente não é verdadeiro para você.

Agora pense em alguém por quem você realmente é grato nesta vida. Obtenha a energia de tê-lo em sua vida, olhe para isso e diga: "Interessante ponto de vista, eu tenho esse ponto de vista". Isso desaparece e se dissipa? Ou algo mais acontece?

Quando algo é verdadeiro para nós e nós o reconhecemos, isso cria uma sensação de leveza e expansão em nosso mundo. Quando algo não é verdadeiro, como um julgamento ou uma conclusão que temos sobre qualquer coisa, isso é pesado, e você se sente contraído ou apertado. Quando você diz: "Interessante ponto de vista, eu tenho esse ponto de vista", o que é verdadeiro para você se expande e cresce e o que não é se torna menos substancial e se dissipa.

Aqui está outra maneira de usar o "Interessante ponto de vista" ao ler este livro. Para cada pensamento, sentimento ou emoção que surge para você em relação ao dinheiro, conforme você vai lendo, demore um minuto para reconhecer esse ponto de vista, então use "Interessante ponto de vista". Você pode descobrir que praticamente tudo o que você pensava ser sólido e absoluto sobre sua situação financeira atual é apenas interessante e não real. Com "Interessante ponto de vista", tudo se torna maleável. Você consegue escolher se deseja mantê-lo, alterá-lo ou criar um ponto de vista totalmente diferente.

O que você gostaria de criar e escolher hoje?

ABRINDO MÃO DO CONFORTO COM A DÍVIDA

Muitas vezes, converso com pessoas que estavam em dívidas, ficaram livres delas e depois voltaram às dívidas. Eu mesma fiz isso. Recentemente, falei com uma pessoa que disse: "Estava livre de dívidas e tinha dinheiro na minha conta bancária pela primeira vez na minha vida, mas tenho $ 25 mil em dívidas novamente. Esta é a quarta vez! O que está por trás desse padrão? Não gosto de estar em dívida ou de lutar para encontrar dinheiro para pagá-la, mas também não gosto da restrição de não escolher algo apenas porque não tenho dinheiro".

Perguntei-lhe: "Você realmente está disposta a se ver livre de dívidas?". E ela reconheceu que não poderia realmente responder "Sim!".. Para ela, havia algo mais confortável em estar *em* dívida do que *fora* disso. Eu sei que isso era verdade para mim quando saí das dívidas pela primeira vez, e pode ser verdadeiro para você também. Na verdade, eu estava desapontada quando saí das dívidas pela primeira vez. Pensei: "Onde estão as trombetas, os fogos de artifício e os grandes desfiles de ruas 'Parabéns Simone, você é incrível!'?". Foi uma decepção. Era uma sensação estranha e desconhecida de não ter essa dívida na minha vida. Para quantos de vocês esse sentimento também é familiar?

Existem muitas razões pelas quais ficamos mais confortáveis quando temos dívidas do que quando não temos. Você pode estar acostumado a ser como todos os outros. Você pode não querer ser a papoula alta (este é um termo que usamos na Austrália para descrever pessoas de mérito genuíno que são insultadas, atacadas, diminuídas ou criticadas porque seus talentos ou conquistas fazem com que se destaquem da multidão) ou pode não gostar da ideia de ser julgado por ser a única pessoa que conhece que não tem problemas de dívida ou dinheiro.

Se você continua sempre com certa quantidade de dívida e realmente deseja mudar isso, deve ter a coragem de confrontar-se com o que está escolhendo atualmente e fazer uma escolha diferente. Você está disposto a se sentir desconfortável para criar liberdade nessa área? Se assim for, vamos fazer algo um pouco estranho: vejamos o que na realidade *ama* sobre estar em dívida.

> "O que você ama sobre estar em dívida e não ter dinheiro?".

Pode parecer uma pergunta estranha, mas quando temos algo acontecendo em nossas vidas que dizemos odiar, muitas vezes há algo que amamos secretamente sobre criar isso que não estamos enxergando. Se está disposto a fazer algumas perguntas, você pode reconhecer o que o está mantendo preso. Se você não o reconhece, não pode mudá-lo.

- O que você ama em estar com esse montante de dívida? É esse o montante de dívida confortável para você? Isso o mantém preso em uma realidade financeira limitada? Isso o mantém como igual a todos os demais?

- O que você ama sobre não ter dinheiro? Isso garante que você não se destaque dos membros da sua família? Se tivesse dinheiro, você acredita que sua família exigiria que o desse a eles?

- O que você ama odiar por não ter dinheiro? Isso lhe dá algo de que se queixar, uma história ou justificativa para a qual você pode voltar, em vez de simplesmente mudar?

- O que você odeia amar por não ter dinheiro? Você foi informado de que é errado amar o dinheiro? O dinheiro é a "raiz de todo o mal"? Você julga sua escolha de não ter dinheiro? Você consideraria não se julgar e reconhecer que tem uma escolha diferente agora?

- Que escolha você pode fazer hoje que criaria mais agora e no futuro?

Você pode não estar muito à vontade para se fazer essas perguntas. Você pode ser tentado a se julgar mais. Por favor, não. E se o reconhecimento de todas as coisas loucas que decidimos que amamos sobre estar em dívida fosse realmente a chave para mudar - olhando para isso sem julgamento e percebendo que, às vezes, somos fofos e não tão brilhantes – e, depois, reconhecer que você pode fazer uma escolha diferente? E se não estiver errado? E se você pudesse agradecer por sua coragem de olhar para isso?

Vou contar-lhe uma história sobre um dos meus pontos de vista insanos sobre dinheiro e dívidas que estava usando para me impedir de ter dinheiro. Eu amo o meu pai. Era um homem muito gentil. Ele costumava dizer que não morreria até que pudesse se certificar de que sua família tinha uma educação e estava segura financeiramente. Tudo o que ele fez como homem dizia respeito a criar uma vida segura e estável para sua esposa e filhos. Eu não queria que meu pai morresse porque eu o amava muito. Bem, minha mãe e meus irmãos eram todos financeiramente estáveis e todos recebemos uma boa educação. A única que não tinha tudo estabilizado era eu. Percebi que, embora fosse perfeitamente capaz de criar um grande futuro financeiro, criei-me como uma bagunça financeira porque pensei: "Enquanto eu tiver problemas de dívida e dinheiro, meu pai não morrerá". Agora, olhando isso de forma lógica, é um ponto de vista bastante insano, certo? Mas era o que eu estava fazendo. Por sorte, meu pai ainda estava vivo naquele momento e falei com ele sobre isso. Ele disse, em seu sotaque lituano: "Ah, Simone, isso é louco, o que você está fazendo" e eu disse: "Eu sei!".. Comecei a mudar minha dívida desse ponto em diante. E também vi a alegria e a felicidade em seu mundo aumentarem, à medida que comecei a criar uma realidade financeira maior para mim. Em palavras simples: *comecei a receber.*

Você está disposto a estar ciente do que realmente gostaria que sua vida fosse? Você está disposto a ir além de suas zonas de conforto com dívidas e dinheiro e começar a prosperar em vez de apenas sobreviver?

ESTAR DISPOSTO A TER DINHEIRO

Um amigo me disse uma vez: "Eu realmente sou bom em não criar dinheiro. E quando crio e ganho dinheiro, tenho uma falsa sensação de vida rica. Gasto muito. Tenho muita dívida a pagar, mas não dou prioridade a isso. Em vez disso, gasto dinheiro, quanto mais rápido, melhor, e então volto à armadilha novamente. O que é isso e como posso mudar?".

Há muita gente assim. Elas gostam mais de gastar dinheiro do que gostam de *ter* dinheiro. Você gosta de ter dinheiro? Ou gastar é a coisa mais importante em sua vida? Você sempre encontra algum lugar para gastar seu dinheiro? Você paga seus cartões de crédito e pensa:

"Ótimo! Tenho mais $ 20.000 (ou seja lá qual for seu limite de crédito) para gastar"?

Fomos ensinados que o valor de ter dinheiro é gastá-lo ou guardá-lo para gastar mais tarde. Mas, raramente, falamos sobre *ter* dinheiro e que diferença isso pode fazer em nossos mundos financeiros.

> *"Há uma diferença entre ter, gastar e poupar dinheiro".*

Gary Douglas diz que sempre contrata pessoas que estão dispostas a ter dinheiro, quer o tenham ou não naquele momento. Ele sabe que aqueles que estão dispostos a ter dinheiro (independentemente de terem muito dinheiro ou não) ganharão dinheiro para si e para o negócio, mas, se não estiverem dispostos a ter dinheiro, não o farão.

Demorou um tempo para eu estar disposta a realmente ter dinheiro. Era ótima em criá-lo. Tive negócios que perderam dinheiro e negócios que fizeram dinheiro. Sempre criei dinheiro, não importa o que fosse, mesmo quando estava em dívida. Eu poderia criá-lo, guardá-lo e gastá-lo também. A única coisa que eu não estava disposta a fazer, no entanto, era educar-me sobre o dinheiro. Achava que a ignorância era uma felicidade. Soa familiar?

Uma vez criei negócios durante a noite com um amigo fazendo potes de gel de purpurina para vender, para que pudéssemos ir a todas as festas durante Mardis Gras, em Sydney. Quando decidi que iria para o exterior, trabalhei duro, tive três empregos e economizei todo o meu dinheiro para poder viajar; e onde quer que eu fosse, trabalhava em todos os tipos de empregos para poder continuar viajando. E, no entanto, não me permitia realmente *ter* dinheiro.

Eu não era parcimoniosa, eu poderia gastar dinheiro com as coisas que gostava, não diria não para um fim de semana em Melbourne com amigos, era generosa e gostava de comprar coisas para outras pessoas também. Não era o tipo de pessoa que você ouviria reclamando sobre a minha situação financeira também, mas ainda não estava me permitindo ter dinheiro.

ENTÃO, O QUE É TER DINHEIRO?

Ter dinheiro diz respeito a estar disposto a permitir que o dinheiro esteja em sua vida de tal forma que você sempre o tenha, e ele contribua para a expansão de sua vida. Não é torná-lo significante. É brincar com o dinheiro e permitir a contribuição e a disposição de receber.

Um excelente exemplo disso é que costumava usar bijuterias brilhantes. Ficavam fantásticas, tive algumas peças divertidas, mas valiam menos de 50% do que pagava por elas no momento em que saía pela porta. Um dia, comprei um colar de pérolas Mabe. Essas pérolas agora são extremamente raras, já que o oceano não as produz mais. O colar, devido ao valor intrínseco e à sua raridade, continua aumentando de valor. Ter esse colar na minha vida não só tem um valor monetário que é mais do que o que paguei, como também é uma joia incrível e bela em minha vida. É esteticamente bonito e me sinto maravilhosa quando a uso. Essa é a energia que ter dinheiro em sua vida cria.

Ter dinheiro em sua vida não é apenas criar e nunca gastá-lo. Quando você está realmente disposto a ter dinheiro em sua vida, você também está disposto a usá-lo para criar mais.

Um amigo que conheço está sempre tentando *poupar* dinheiro para as empresas com as quais trabalha. Ele é brilhante com a tecnologia e estava trabalhando com uma grande empresa, viajando com eles e cuidando de suas necessidades audiovisuais onde quer que fossem.

Depois de cada evento, ele empacotava o equipamento, arrumava-o para o próximo país e cidade, e isso gerava muito trabalho para ele. Em um ponto, o proprietário da empresa disse-lhe: "Quero que você compre mais equipamentos, de modo que os tenhamos na Europa, América, Austrália e Ásia. Dessa forma, não teremos que levar equipamentos em todos os lugares quando viajarmos e não teremos que pensar sobre isso". Passaram-se dois anos e ele não comprou nada. Ninguém percebeu isso até um dia, quando o proprietário disse: "Há dois anos, pedi para obter mais equipamentos. O que aconteceu?".

Ele disse: "Estava tentando poupar dinheiro porque todo o equipamento é muito caro".

Dê uma olhada na energia de tentar poupar dinheiro despachando equipamentos para todos esses países. Em seguida, veja a energia de ter equipamentos disponíveis em cada país. Qual é a energia que conduz para que o negócio cresça e se expanda com facilidade?

Você é alguém que pergunta: "Como posso poupar dinheiro?". Qual é a energia dessa pergunta? Existe uma energia generativa nela? Parece expandir suas escolhas ou limitá-las? Agora, olhe a energia destas questões: "O que se requer para gerar mais dinheiro?". e "Que energia eu preciso ser para criar isso com facilidade?".

Existe algum lugar em que você esteja tentando poupar dinheiro? Tente perguntar: "Se eu gastasse esse dinheiro que estou tentando economizar, criaria mais para hoje e para o futuro?". Não estou dizendo para sair e comprar um BMW novo conversível se você quiser um. Estou sugerindo que veja o que vai gerar mais para você. Se algo for fazer isso, então gaste o dinheiro.

Como seria ter dinheiro em sua vida que está lá para contribuir com você? Como seria ter coisas em sua vida de valor intrínseco e que aumentassem de valor ao longo do tempo?

Imagine duas casas: uma que é mobiliada com tudo de uma loja de móveis moderna e barata. É limpa, moderna e parece um catálogo, e tudo vale menos de 50% do que você pagou. A outra casa está decorada com todo tipo de coisas bonitas - prata, cristal, antiguidades, pinturas, móveis -, que não só têm um valor único e estético, mas, na verdade, têm o bônus de valer pelo menos o que você pagou e mais. Qual casa criaria um maior sentido de riqueza e beleza em sua vida? E se você pudesse usar a criação da estética e tivesse todos os tipos de coisas em sua vida de uma maneira que acrescentasse para você mais dinheiro, agora e no futuro? Não se trata de julgamento, trata-se da consciência e de criar um futuro que você deseja ter.

Você permitiria que o dinheiro estivesse em sua vida constantemente e que ele continuasse crescendo?

Na Parte Dois deste livro, vou dar uma série de ferramentas práticas para você ter dinheiro em sua vida. Ter dinheiro é bastante simples. Você está disposto a ter dinheiro e deixá-lo contribuir com você de uma maneira totalmente diferente?

PARE DE EVITAR E RECUSAR DINHEIRO

Existe alguma parte da sua vida em que você recusa ou evita olhar para sua situação financeira? Você tem realmente bons motivos para evitar coisas simples e fáceis para criar mais dinheiro? Todo lugar onde evitamos ser totalmente honestos é onde eliminamos e recusamos o que nos daria mais possibilidades e mudanças fáceis.

Estava falando com um cliente que disse: "penso em minha dívida quase todos os dias e, então, deixo isso para lá e espero que ela vá embora". Muitos de nós funcionamos dessa maneira.

Quando eu estava em dívida, evitava persistente e consistentemente olhar o que estava acontecendo com minha situação financeira, até que finalmente escolhi ouvir Gary e Dain e comecei a usar as ferramentas de Access Consciousness. Evitar a conscientização sobre o dinheiro nunca cria um lugar onde você possa olhar para as escolhas que você realmente possui, pois sempre cria essa área vaga e pouco clara onde você não se capacita para ver o que está acontecendo ou o que você pode fazer para mudar.

Uma amiga minha é realmente brilhante em ensinar seus filhos sobre o dinheiro. Uma vez ela deu ao filho de 10 anos $ 20 para ele e seus amigos almoçarem juntos. Mais tarde, ela descobriu que a mãe da outra criança acabou pagando. Minha amiga perguntou ao filho o porquê de ele não ter pagado, e ele admitiu que tinha perdido o dinheiro antes de chegar ao local. Ela, então, pediu que o filho avisasse à outra mãe que ele iria pagar o almoço, mas havia perdido o dinheiro. Ela sabia que a mãe não se importava de ter pagado, não se tratava de alguém ter feito algo errado. Tratava-se de reconhecer o que ocorreu - não de ter um ponto de vista ou um julgamento sobre a situação, mas de fazer com que seu filho reconhecesse o que ele criou, em vez de fingir que nada havia acontecido. Você deve reconhecer, não esconder ou evitar coisas. Não se trata de julgar. Se você está disposto a não ignorar, estará disposto a ser mais consciente no futuro. E, com essa consciência, você se capacita para fazer as escolhas que realmente gostaria de fazer, que criariam mais em sua vida e não menos.

"Você está vivendo em um Universo-Sem Escolha?"

Durante anos, evitei relacionamentos. Eu dizia: "Não me relaciono, não estou em um relacionamento, nunca vou me casar, nunca vou ter filhos". Olhava ao meu redor e não conseguia ver um relacionamento que parecesse funcionar. Não conseguia ver pessoas que parecessem estar se divertindo em seu relacionamento, então meu ponto de vista (conclusão) era: "Eu não terei um relacionamento!"..

Com essa decisão, estava fechando tudo o que era possível. Eu estava criando um universo sem escolha e uma realidade sem escolha. Um dia, percebi que era o que estava escolhendo e comecei a me perguntar: "E se eu estivesse disposta a estar em um relacionamento? E se eu estivesse disposta a receber essa possibilidade?". Abri mão de tudo o que tinha decidido e concluído sobre relacionamentos porque reconheci que todas essas premissas estavam criando enormes limitações para mim. Em todos os lugares em que chegamos à conclusão, criamos limitações que nos separam das possibilidades infinitas que estão disponíveis. O engraçado é que agora tenho um relacionamento com um parceiro fabuloso, e ele veio com um filho e um cachorro também - família instantânea. E todos contribuíram para minha vida de maneiras que nunca poderia ter imaginado. Se continuasse a recusar a possibilidade de relacionamento na minha vida, não poderia ter recebido a enorme contribuição, generosidade e energia que eles são para mim, inclusive contribuindo para criar mais dinheiro e riqueza.

O que estou falando aqui é sobre olhar para a energia que dar escolha a si mesmo cria em sua vida. Quando você evita, recusa ou não está disposto a ter alguma coisa, não permite que tenha mais escolhas ou crie mais. Você deve estar disposto a olhar para onde você está criando um universo sem escolha e estar disposto a mudá-lo.

"Qual a pior coisa que poderia acontecer se você não evitasse o dinheiro? Se você não evitasse o dinheiro, o que de pior aconteceria?".

Você evita fazer coisas novas que poderiam lhe fazer dinheiro? Quantas situações mostraram onde você poderia ganhar dinheiro e você disse: "Não, eu não tenho tempo para isso. Eu não poderia ir lá. Eu não poderia fazer isso?". Você já foi convidado a fazer algo e pensou: "Não tenho a capacidade de fazer isso", então você recusou e evitou isso em vez de dar uma chance? E se você tivesse se perguntado: "Qual é a pior coisa que poderia acontecer se eu não evitasse isso e simplesmente escolhesse?". A escolha cria consciência.

Se você estivesse evitando falar em público e perguntasse: "O que é o pior que pode acontecer se eu realmente falar em público?". Você pode perguntar: "Bem, eu poderia congelar e esquecer o que eu ia dizer. Seria realmente tão ruim?". E, então, você pode dizer: "Se isso acontecesse, eu poderia ficar parado lá, olhar para a multidão e sorrir". As pessoas adoram a vulnerabilidade de você ser você e, se você não está evitando nada, é mais fácil ser você em qualquer situação. Você consegue ter mais de você, não importa o que esteja acontecendo, porque você não precisa se retorcer e se virar ou se esconder para evitar qualquer coisa. O que definitivamente criará mais dinheiro em sua vida é você tornar-se mais de você.

Você está evitando sua dívida? Onde você está evitando dinheiro? Quais partes maravilhosas, grandiosas e criativas suas que você está recusando a deixar aparecer no mundo com essa renúncia? O que você decidiu que é o pior que poderia acontecer se você não o evitasse? O que poderia mudar se você estivesse disposto a ter uma consciência total de sua realidade financeira?

GRATIDÃO

Uma das ferramentas mais mágicas para mudar as coisas na vida é a gratidão.

A gratidão geralmente é negligenciada, mas tem o poder de mudar dinamicamente o seu ponto de vista. A gratidão tem esse efeito natural de tirá-lo do julgamento. Gratidão e julgamento não podem coexistir. Você não pode julgar e ter gratidão. Você já notou como é impossível ser grato quando julga algo ou alguém? Quando você tem gratidão, você sai do julgamento. E, como também discutimos anteriormente, o julgamento é como criamos nossas maiores limitações.

Quando você recebe dinheiro, qual é o seu ponto de vista instantâneo? Você está grato por cada dólar, cada centavo, que entra em sua vida ou você costuma pensar: "Isso não é muito", "Irá cobrir esta conta", "Eu gostaria de ter mais"? E se, sempre que o dinheiro entrasse e quando o dinheiro saísse, você estivesse agradecido – por você, por tê-lo criado, pelo dinheiro ter aparecido e pelo que você gastou? Como seria se você realmente tivesse mais gratidão com o dinheiro?

E se, por qualquer dinheiro que entrasse, você praticasse dizendo: "Obrigado, eu estou tão feliz que tenha aparecido! Posso ter mais por favor?". E se, por qualquer dinheiro que gastou e por todas as contas que pagou, você estiver grato e disposto a pedir mais: "Maravilhoso, estou tão feliz por ter eletricidade por mais um mês! E o que se requer para esse dinheiro voltar para mim dez vezes?".

Adoro fazer essa pergunta! Uma vez, paguei uma senhora que fez uma incrível massagem nos meus pés. Fiquei tão grata por ela e agradecida. Quando entreguei o dinheiro, disse em voz alta, brincando: "O que se requer para isso voltar para mim multiplicado por dez?". A senhora me olhou com estranhamento. Mais tarde, ela veio até mim e disse: "Não pensei que pudesse pedir que o dinheiro voltasse para mim uma vez pago. Pensava que seria desrespeitoso ou algo assim. Mas do jeito que você disse, foi com tanta gratidão e alegria, foi um convite. Eu vou usar isso com tudo a partir de agora!"..

Quando você estiver disposto a brincar com o dinheiro, ser grato pelo dinheiro e ser grato pelo que criou, e não julgá-lo, mais pode aparecer.

"E se você estivesse disposto a ser grato por você também?".

Quando você não reconhece e não tem gratidão pelo dinheiro que vem e sai da sua vida, você realmente está se recusando a reconhecer e ter gratidão por você. E se você começar a se reconhecer pelo que criou, pelo que você tem, ao invés de se concentrar no que você não tem? Quando você coloca a sua atenção no que está funcionando em sua vida, você pode criar mais disso, e isso começará a aparecer em mais lugares. Se você colocar sua atenção no que vê como faltando, você só verá falta e a escassez crescerá.

Você tem que ter gratidão por tudo o que você cria, o bom, o ruim e o feio. Isso significa que você nunca chega a uma conclusão, não importa o que aconteça. Quantas escolhas você julgou porque decidiu que perdeu dinheiro ou que fez uma escolha errada? Como você sabe que a escolha não foi exatamente o que lhe permitirá criar algo ainda maior em seu futuro? Se você julga isso, não poderá ver o presente de sua escolha e você não vai se permitir receber as possibilidades que agora estão disponíveis por causa disso. Se tiver gratidão, você terá uma realidade totalmente diferente.

Sou grata por todas as pessoas que trabalham com Joy of Business (uma das empresas que possuo, que me faz dinheiro e muda o mundo). Nós geramos negócios a partir da alegria e curiosidade do que é possível criar, não a partir de fazer a escolha certa ou de evitar a errada.

Quando alguém faz uma escolha que não funciona tão bem como gostaria, não desistimos da alegria de criar nos negócios e da gratidão uns pelos outros apenas porque não apareceu como esperávamos. Perguntamos: "O que é certo sobre isso?". E olhamos o que é possível que ainda não consideramos. No momento em que você julga, diminui as possibilidades. No entanto, a gratidão as aumenta.

Se você tem gratidão pelo que as pessoas criaram, mais pode aparecer na sua vida e na delas. Se você é alegre com o que está criando e fazendo, mais dinheiro aparecerá.

"Você é grato quando é muito fácil?".

Alguns anos atrás, estava participando de um evento de antiguidades organizado por um amigo meu. Ofereci-me para ajudar, recebendo o dinheiro dos itens que as pessoas compravam, escrevendo recibos, fazendo a administração geral. Estava fazendo isso porque queria contribuir com meu amigo e com o crescimento de seus negócios.

Após o evento, recebi um e-mail que dizia que ele estava me pagando uma porcentagem das vendas. Respondi: "Obrigada, mas não quero dinheiro por isso. Sério, fiquei feliz em contribuir".

Meu amigo respondeu, dizendo: "Seja grata pelo dinheiro".

Eu pensei: "Bem, sou grata pelo dinheiro", mas também pude perceber que não estava disposta a recebê-lo, e percebi que o meu ponto de vista era que não havia trabalhado duro o suficiente para receber o dinheiro. Estar lá era como estar em uma festa. Estava tomando champanhe em taça de prata, efetuando os pagamentos com uma máquina de cartão de crédito e emitindo os recibos. Estava me divertindo. E ser paga por isso?

Eu disse a Gary Douglas sobre minha mudança de perspectiva e de como pareceu abrir-se muito mais no meu mundo, e ele respondeu: "Quando o dinheiro vem facilmente e você está grata, você está no caminho de ter um futuro com mais possibilidades".

Quais grandes possibilidades futuras você poderia criar para sua vida, permitindo que o dinheiro venha facilmente e com alegria, tendo gratidão por cada centavo que aparece?

Capítulo 3

Como você cria uma nova realidade financeira imediatamente?

E se você não tivesse nenhum ponto de vista sobre o dinheiro? E se você não tivesse julgamentos? Sem desastres financeiros? Nenhuma realidade financeira limitada? E se você acordasse e começasse todos os dias com frescor? O que você criaria? O que você escolheria?

Se você realmente deseja criar uma realidade financeira que seja diferente e maior do que a que atualmente possui, terá que olhar para as escolhas que está fazendo neste momento e, se elas não o conduzirem para onde você realmente deseja, mude-as! Toda escolha que você faz cria algo. O que você deseja criar com suas escolhas?

É importante lembrar que não se trata de fazer uma escolha certa ou errada. Trata-se de fazer escolhas *diferentes*.

Converso muito sobre negócios com pessoas de todo o mundo. Quando se trata de fazer escolhas nos negócios, realmente funciono a partir de: "Não há escolha certa ou errada, há apenas escolha". Alguns dos meus piores "erros" nos negócios foram os maiores presentes para mim, porque permitiram que eu visse o que poderia ser e fazer diferente e o que funcionaria no futuro, o que poderia levar muito mais tempo para tomar consciência se eu não tivesse feito aquela escolha. Posso ver a contribuição que todas as minhas escolhas são para mim, criando um futuro mais grandioso, porque não fico presa na mentalidade de "Oh, essa escolha estava errada e outra escolha teria sido correta". E se você nunca tivesse que estar certo ou evitar errar, nunca mais?

Como meu sábio amigo Gary geralmente pergunta: "Você prefere estar certo ou ser livre? Você não pode ser ambos!"..

Se você está disposto a estar errado e desistir da necessidade de estar certo, você pode escolher qualquer coisa e criar qualquer coisa.

"Lutar ou não lutar?".

Anos atrás, estava indo almoçar com alguns amigos e estava irritada e mal humorada. Enquanto caminhávamos para o restaurante, um amigo me perguntou: "Por que você está escolhendo isso?". Eu disse: "Não estou escolhendo isso!".. Continuei caminhando, enquanto pensava: "Não estou escolhendo isso! Não estou! Espere, eu realmente estou escolhendo isso? Posso mudar isso?". Meu mundo tornou-se instantaneamente mais leve. Quando chegamos ao restaurante, disse para o meu amigo: "Uau. Entendi. *Estou* escolhendo isso. Estou escolhendo ficar irritadiça!"..

Muitas pessoas não pensam que têm a opção de estarem tristes, felizes, irritadiças, relaxadas. Somos ensinados a acreditar que as circunstâncias externas criam a forma como nos sentimos sobre as coisas, mas, na verdade, é apenas uma escolha. Você deve ensinar você mesmo a reconhecer que tem escolha, mesmo em situações em que normalmente supõe que não tem nenhuma. E se você começar a olhar para todos os lugares onde pensou que não tinha escolha e perguntar: "OK, se eu fosse flexionar meus músculos de escolha nessa situação, em vez de fingir que não tenho escolha, o que poderia escolher agora?".

É o mesmo com o dinheiro. Se você está tendo uma chateação com o dinheiro ou se esforça pelo dinheiro, esteja ciente de que é sua escolha; você está criando isso dessa forma. *E você pode escolher outra coisa!*

Também não importa se tem um negócio estabelecido ou um trabalho assalariado, seja você o pai/mãe que está em casa, buscando um emprego ou recebendo pensão. Você não precisa ter um monte de dinheiro (ou algum) para começar a mudar sua realidade financeira, e não precisa estar com tudo organizado, você só precisa começar. Você só precisa escolher.

Neste capítulo do livro, analisaremos mais de perto os elementos que irão ajudá-lo a sair do seu próprio caminho e permitir-lhe mais clareza e facilidade com a escolha de diferentes opções com o dinheiro: apoiar-se, abrir mão de suas histórias e razões para não ter dinheiro, ser honesto consigo mesmo e confiar no seu saber.

ESTANDO DISPOSTO A FAZER O QUE QUER QUE SE REQUEIRA

As ferramentas de dinheiro neste livro são fantásticas, mas para usá-las de forma eficiente, para mudar o que não está funcionando, você precisa se apoiar de três maneiras:

1. Você deve estar comprometido com sua vida.
2. Você precisa demandar de si mesmo que será e fará o que for preciso.
3. Você deve estar disposto a escolher, perder, criar e mudar qualquer coisa.

"E se assumir o compromisso de nunca desistir de você for a coisa mais amável que você poderia fazer?".

O compromisso com a sua vida não significa se colocar em uma camisa de força ou ficar preso a um caminho em particular, para sempre. Significa nunca desistir, nunca ceder e nunca abandonar. Está disposto a se comprometer com você? Está disposto a nunca desistir de você?

Meu parceiro, Brendon, e eu estamos comprometidos com nossas próprias vidas e com criar um relacionamento que funcione para nós. Fazemos isso escolhendo nosso relacionamento todos os dias, em vez de torná-lo um compromisso que deve ser mantido para sempre. Fazemos escolhas para criar futuros grandiosos para nós dois, mas nunca esperamos que tudo o que escolhemos seja definido e imutável. Quando estávamos pensando em comprar uma casa juntos, inicialmente resisti, pois concluí que teríamos que passar o resto de nossas vidas juntos por necessidade. Brendon disse: "Sempre podemos vender a casa", e eu disse: "Oh, boa observação!".. Possuir uma casa não significa que devemos estar juntos para sempre; ainda é uma escolha, é um negócio. Estar comprometido com nós mesmos não se trata de comprometer-se a nunca mudar nossas escolhas. É assumir o compromisso de que honraremos a nós mesmos e um ao outro o suficiente para podermos nos permitir mudar nossas escolhas quando algo não funciona mais.

Comprometer-se diz respeito a estar disposto a ter uma aventura de viver, continuamente escolher o que funciona para você, mesmo que seja desconfortável e mesmo que isso signifique fazer mudanças e escolhas que ninguém mais (mesmo seu parceiro, sua família ou amigos) entenda. Comprometer-se com você pode levá-lo para além da sua zona de conforto, especialmente porque a maioria de nós está bem treinada para desistir do que realmente gostaria de escolher, de modo a se encaixar com todos os outros. Você deve estar disposto a ser tão diferente quanto realmente é, não importa o que alguém mais pense, diga ou faça.

> *"Você não pode fazer uma demanda de ninguém ou de qualquer coisa, exceto de você mesmo".*

Fazer a demanda de si mesmo é perceber que não importa o quê, você terá o que deseja em sua vida.

Você começa a criar sua vida quando finalmente faz a demanda: "Não importa o que se requeira e não importa o que pareça, vou criar minha vida. Não vou viver segundo o ponto de vista ou realidade de ninguém. Vou criar a minha própria!"..

Anos atrás, quando comecei a viajar para as classes do Access, nem sempre conseguia pagar pelas acomodações, então ficava na casa de outras pessoas. Uma vez, estava hospedada na casa de alguém, e a casa não estava muito limpa. Assim que saí do banho, senti que precisava tomar outro banho. Eu fiz a demanda: "Isso não vai funcionar. Eu tenho que ser capaz de criar mais dinheiro para poder ter a escolha de onde desejo ficar".

Comecei a ficar em quartos de hotel com outras pessoas e a compartilhar o custo. Então, reconheci que não era o que desejava também. Adorava ficar sozinha. Adorava ter meu próprio espaço. Há uma energia que você cria quando faz uma demanda e você não vai para uma realidade de escassez, de falta e dúvida.

Muitas vezes, pedi para que as coisas aparecessem, mas realmente não sabia como seria isso. E sempre fiz a demanda de todo modo: "não importa o que se requeira" e "não importa o que pareça". Não sabia exatamente como conseguiria ganhar dinheiro para ficar sozinha em hotéis quando viajava, mas sabia que estava disposta a fazer o que fosse para criar isso.

"Esteja disposto a escolher, perder, criar e mudar qualquer coisa".

Quando você está disposto a escolher diferente, está disposto a tomar consciência e receber informações das pessoas e das coisas ao seu redor, e você pode mudar em um nanosegundo quando isso for criar mais para você. É: "Oh! Mais informações! Ok, vamos fazer isso". Ao fazer escolhas, você pode descobrir que as coisas são diferentes do que pensou a princípio. Você está disposto a estar ciente de novas informações, de que se requer fazer uma mudança, ou você tenta manter sua primeira escolha, mesmo que não esteja funcionando mais? Ou você faz pequenas alterações e depois se pergunta por que não está mudando?

Fazer pequenas mudanças, mas essencialmente permanecer fazendo o mesmo (como usar a mesma camisa todos os dias e apenas tentar fazer parecer um pouco diferente, ao invés de mudar a camisa atual) não lhe dará um resultado diferente.

A definição de insanidade para Einstein é fazer a mesma coisa e esperar um resultado diferente. Você precisa alterar a forma como está funcionando para criar um resultado diferente.

Nós nos impedimos de ter a disposição de fazer o que for preciso para ter uma realidade e uma realidade financeira diferentes quando funcionamos como se houvesse algo resolvido e imutável a respeito de certas coisas em nossas vidas. Criamos algo como imutável quando pensamos: "É assim que é".

O que você criou como imutável? O que, para você, é definido em pedra? O que você vê como valioso, permanente e duradouro? Possuir uma casa? Ter um casamento longo? Possuir seu próprio negócio? Ficar em um emprego? Estar em dívida?

Você está segurando qualquer parte de sua vida como se fosse uma estrutura permanente? Eu fiz isso com os negócios. Eu me segurei em um negócio que criei, por muito mais tempo do que desejava estar envolvida nele. Tentei fazer as coisas de forma diferente no meu negócio, porque ele começou a fracassar, mas não estava disposta a fazer algo totalmente diferente e vender meu negócio, porque pensava que tinha que fazer o que todo mundo diz e continuar com o negócio pelo maior tempo possível.

O que você decidiu que não tem a capacidade de mudar? Você se sente sem escolha sobre sua situação financeira, sua falta de dinheiro, sua dívida ou suas perspectivas financeiras? Você se comprometeu em manter as estruturas financeiras que criou em seu próprio universo, em vez de fazer algo completamente diferente? Você continua tentando mudar, mas nada parece funcionar? O que você não está fazendo que, se fizesse diferente, mudaria tudo?

Perguntei isso em uma aula uma vez e alguém disse: "Na maioria das vezes, só tomei uma ação quando estava com dor real e, uma vez que estivesse livre da dor, deixava de avançar. Ontem, percebi que a quantidade de dinheiro que tenho não é suficiente para pagar as contas que entrarão. De repente, senti urgência e decidi fazer algo a respeito. Eu sempre funciono assim. Não faço a ação até *ter* que. É como se eu fosse apenas motivado pela dor". Se essa pessoa estiver disposta a fazer e ser algo diferente com sua escolha, ela pode olhar para a maneira como funciona em geral com o ponto de vista "motivação a partir da falta" e perguntar: "Espere, isso é o que eu sempre fiz. E se eu começasse a funcionar de uma maneira completamente diferente? O que criaria mais para mim?". Mas, se ela só está disposta a perguntar: "O que eu tenho que fazer para pagar as contas desta vez?", sem olhar para a estrutura na qual está funcionando, então só fará coisas ligeiramente diferentes e não poderá mudar sua realidade com o dinheiro a longo prazo.

Outra pessoa disse: "Acho difícil controlar o uso do cartão de crédito. Parece que usar o cartão é a única maneira de ter dinheiro. Parece que não tenho escolha de outra maneira". Se essa pessoa dissesse: "Não posso usar meu cartão de crédito hoje, preciso obter um empréstimo", estaria fazendo o mesmo, de forma diferente. Se as pessoas demandassem: "Eu realmente criarei mais dinheiro agora e no futuro. Não vou mais viver dessa maneira. O que preciso colocar em ação agora para mudar isso?", elas estariam fazendo uma escolha diferente que lhes permitiria criar além do ponto de vista limitado sobre o dinheiro ao qual têm estado presas.

Você deve estar disposto a perder todos esses lugares, todas essas estruturas, todas as coisas que você atualmente acredita serem permanentes e inalteráveis. Na verdade, nada é imutável.

Sei que, em qualquer lugar em que estou fazendo uma criação de permanência na minha vida, posso escolher outra coisa. Posso dizer: "Isso não funciona para mim. Eu não vou mais escolher isso".

Você está disposto a desistir das coisas que decidiu que tem que ter, tem que fazer e não pode ou não deve perder? E se estar disposto a perdê-las for o início da escolha total? E se você estivesse disposto a perder cada centavo que você tem? E se você pudesse criar muito mais dinheiro do que nunca teve antes, com total facilidade?

Se você está tentando mudar algo em sua vida e não está mudando, veja onde pode estar fazendo a mesma coisa de forma diferente, ao invés de realmente escolher fazer algo completamente diferente. O que você teria que ser e fazer diferente para realmente mudar sua realidade financeira?

DESISTINDO DE SUAS RAZÕES LÓGICAS E INSANAS PARA NÃO TER DINHEIRO

Você pode ter notado que usei palavras como "conclusão", "decisão" e "julgamento" mais do que umas poucas vezes até agora. Você sabia que a *conclusão* vem de uma palavra que significa "fechar ou encerrar"? Isso é exatamente o que uma conclusão faz em nossas vidas. Ela o encerra em um julgamento ou uma decisão que você fez e exclui você de receber qualquer outra possibilidade ou de ver qualquer outra escolha. É como colocar seu pé em um balde de cimento molhado e, em seguida, tentar chegar em outro lugar. Você não pode fazê-lo. Você concluiu que é onde está e não pode mudá-lo, a menos que deixe ir esse ponto de vista.

Nós compramos e vendemos um milhão de histórias sobre dinheiro. Muitas dessas histórias acreditamos que realmente são corretas e reais; são histórias às quais adoramos voltar e nos contar e recontar uma e outra vez, ao invés de simplesmente perguntar: "Uau, essa é uma história interessante que estou comprando. E se não for verdade? Pergunto-me o que mais é possível aqui?".

Quando meu amigo era um garotinho, seus pais costumavam projetar sobre ele que as pessoas ricas não eram felizes. Eles o levaram para ver casas realmente bonitas no bairro e ele perguntava: "Podemos nos mudar para cá?". E seus pais lhe diziam: "Não, não podemos pagar. E, de qualquer maneira, pessoas ricas não são felizes". A resposta dele foi: "Bem, por que não podemos tentar e ver?". Também disseram que ele não deveria comer na casa da família mexicana vizinha, porque tinham menos dinheiro do que sua família. Claro, quando essa família, mais tarde, comprou o lote vazio ao lado e construiu apartamentos, meu amigo percebeu que sua mãe havia julgado-os como tendo menos por causa de sua origem, e porque eles tinham galinhas correndo pelo quintal e uma horta própria com frutas e vegetais.

Quase todos têm histórias como essas para contar, bem como outros pontos de vista insanos que correm em suas cabeças e impedem de ter uma realidade financeira diferente.

Lembra-se da história que contei sobre meu pai? Ele costumava nos dizer que morreria feliz quando soubesse que nós (meu irmão, minhas meias-irmãs, minha mãe e eu) estivéssemos financeiramente seguros. Eu não queria que meu pai morresse e, em algum lugar do meu mundo, pensei que, se eu criasse dívidas, ele não iria embora. Esse era um ponto de vista bastante insano e, quando percebi o que estava fazendo, abri mão disso e mudei o que estava fazendo a respeito do dinheiro, que começou a aparecer na minha vida das maneiras mais estranhas e inesperadas.

Que realidade financeira foi projetada em você quando criança? Que pontos de vista loucos você assumiu e comprou sobre ter dinheiro, não ter dinheiro, criar dinheiro, perder dinheiro e mais? E se você pudesse escolher soltar tudo o que experimentou ou acreditou no passado sobre o dinheiro, e não tivesse que continuar a projetar isso em seu futuro?

"É hora de abrir mão do abuso financeiro com você?".

Os pais de um amigo meu costumavam dizer-lhe, desde que tinha apenas três ou quatro anos de idade, que, por culpa *dele*, eles não tinham dinheiro. Ele cresceu acreditando que precisava criar dinheiro para seus pais e irmãos. As crianças são conscientes e querem contribuir. Quando há brigas, preocupações ou energias subjacentes sobre o dinheiro na casa, para não mencionar os comentários descaradamente abusivos, as crianças pegam isso para si.

O abuso financeiro pode assumir formas diferentes, mas, muitas vezes, resulta em você se sentir como se não merecesse as coisas mais básicas da vida. Pode aparecer como viver com uma sensação de escassez ou de que você é uma dor financeira ou um fardo.

O abuso financeiro também pode assumir a forma de um pai mantendo uma criança dependente e sob seu controle. Estávamos falando sobre isso uma vez, em uma aula, e alguém disse: "Acabo de perceber que minha mãe quer que eu seja dependente dela financeiramente para poder se sentir digna como mãe. Eu vejo o quanto da minha realidade em torno do dinheiro se baseia no desejo e na minha tentativa de cumprir o desejo dela de se sentir útil e vital nesse papel. E para que ela sinta isso, tenho que ser inútil e dependente".

Se alguém exige que você dependa dele por dinheiro, isso é uma forma de abuso? Sim. Você tem que continuar a viver com essa história agora? Não, não precisa. Você tem uma escolha diferente. Pode reconhecer que sofreu abuso financeiro no passado e escolher não ter isso comandando sua vida. Não precisa torná-lo real, você tem cerca de um milhão de outras escolhas para a sua realidade com dinheiro - pelo menos! E praticamente todas elas são muito mais divertidas. Que tal escolher algumas dessas?

> *"Você está usando dúvida, medo e culpa para distraí-lo de criar dinheiro?".*

Você duvida que pode ganhar dinheiro? Você tem medo de que vá perdê-lo? Você se sente culpado ou se culpa por dívidas? Você se irrita com seu *status* financeiro atual? Você fica obcecado e fixado nos problemas, em vez de olhar para as possibilidades quando se trata de dinheiro? Todos esses são exemplos das *distrações* que usamos para nos tirar do presente com escolhas e possibilidades diferentes. Todos os "distratores" que criamos são as emoções negativas pegajosas às quais passamos o nosso tempo presos, desejando sair e firmemente convencidos de que não podemos escapar. Nós os consolidamos com uma história muito boa que explica por que estamos fazendo isso, de modo a nunca precisarmos mudar. Você vai dizer coisas como: "tenho medo porque...". ou "duvido que eu possa fazer isso porque...". Cada "porque" é sua maneira inteligente de comprar sua distração com uma ótima história para que você possa desistir de você, para que não precise mudar o que está acontecendo naquela parte da sua vida.

Sempre que você fica preso ou se deixa levar por esses distratores é, na verdade, uma escolha que você está fazendo para se julgar, em vez de escolher uma possibilidade diferente. E se você começasse a reconhecer que os distratores na vida são exatamente isto: distrações que o afastam de viver sua vida e criar algo diferente? Você pode começar a mudar isso, reconhecendo os pensamentos e as emoções distratoras quando eles surgem e, quando surgirem, apenas escolha novamente; escolha fazer perguntas; escolha ter gratidão, em vez de julgamento; escolha reconhecer que não é real ou verdadeiro, trata-se de um interessante ponto de vista. Você não precisa continuar passando-os de novo e de novo na sua cabeça ou na sua vida, a menos que, naturalmente, você esteja se divertindo muito mais sendo distraído do que criando a vida e o dinheiro que deseja.

SENDO BRUTALMENTE HONESTO COM VOCÊ (MAIS GENTIL DO QUE PARECE)

Você pode pedir que algo diferente apareça, pode pedir para criar sua própria realidade financeira, pode pedir mais dinheiro, mais moeda, mais fluxos de caixa, que mais de tudo apareça e, no entanto, quando gasta tanta energia negando-se, julgando-se e se recusando a reconhecer a contribuição que você é no mundo, não está sendo honesto com você mesmo - está perpetrando algumas grandes mentiras contra você, de modo a provar que você não é tão maravilhoso quanto realmente é.

Basicamente, onde quer que você pense que está errado, é onde está apenas se recusando a ser forte. Não é verdade que estamos errados ou que nos falta algo ou que somos incapazes, mas é verdade que nos recusamos a ser o poder e a potência que realmente somos capazes de ser.

Uma vez, estava dirigindo para Gary e Dain, levando-os para um curso e estava realmente com raiva, mas fingindo não estar. Estava dirigindo de modo bem pouco gentil, indo rápido demais e dando grandes solavancos na estrada. Gary e Dain estavam batendo com a cabeça no teto do carro toda vez que eu passava por quebra-molas. Eu me recusei a falar sobre isso, mas Gary me chamou às 6 horas da manhã no dia seguinte e disse: "Venha até o quarto do hotel e vamos resolver isso". Conversei com ele por horas e horas sobre por que estava com raiva. E continuava dizendo: "Estou me julgando, estou com raiva de mim". Mas nada mudava ou ficava mais leve. Não importava o quanto eu dissesse isso, não soava verdadeiro. Enquanto continuávamos a conversar e eles me faziam mais perguntas, percebi que, na verdade, eu os estava julgando. Havia decidido que eles tinham sido estúpidos por me contratarem. Quando fiquei disposta a estar vulnerável (e sim, foi desconfortável na época, mas estou tão feliz de tê-lo feito), pude ver o que estava fazendo, fui capaz de sair da raiva e isso tornou tudo mais fácil para todos nós. Ao julgá-los como estúpidos, não só não estava disposta a receber a contribuição que desejavam ser para mim, como também não estava disposta a ver a contribuição que eu era para eles, não estava permitindo que o negócio crescesse. Quando parei de julgá-los, muito mais tornou-se possível.

"Você está disposto a não ter barreiras?".

Uma das coisas mais predominantes que ocorreram depois dessa conversa foi o quanto eu me sentia desconfortável. Eu disse ao Gary: "Sinto-me completamente desconectada de você e do Dain agora". Gary me perguntou: "Você criou sua conexão conosco através do julgamento?". Eu percebi que sim. Ele, então, disse: "Bem, agora você tem a chance de criar sua conexão conosco com base na comunhão".

A maioria das pessoas criará sua conexão com alguém com base no julgamento. Os julgamentos criam as barreiras e as paredes que permitem que nos escondamos de nós mesmos e dos outros.

Com a comunhão, existe um espaço de não julgamento total. E isso é completamente diferente. Para mim, era incrivelmente desconfortável no início. Eu me senti tão vulnerável. Todas as minhas barreiras estavam baixadas, era como se pudessem ver através de mim.

Somos ensinados a acreditar que os julgamentos, as barreiras e paredes que erguemos nos protegerão, mas, na verdade, elas nos escondem de nós mesmos. Se está disposto a não ter julgamento, estar sem barreiras e com total vulnerabilidade, você começa a ver o que é possível para você que tem se recusado a reconhecer.

Você deve estar disposto a ser brutalmente honesto com tudo o que está criando em sua vida. É a única maneira de mudar qualquer coisa; ter essa coragem para reconhecer: "Ok, isso não está funcionando". Você deve estar disposto a ter uma consciência do que realmente está acontecendo com você. Criar sua própria realidade financeira é ter uma consciência do que realmente é e, então, escolher o que irá criar mais para você.

E se ser brutalmente honesto com você fosse a vulnerabilidade de nunca mais mentir para si mesmo?

Ter medo é uma das maiores mentiras que perpetramos contra nós mesmos. Você realmente tem medo com respeito ao dinheiro, ou de perder dinheiro ou de falir? Você realmente tem medo? Ou quando ocorre alguma emergência, você lida com isso e depois entra em colapso para provar o quão horrível aquilo foi para você?

Se está disposto a olhar honestamente o que está acontecendo e a ver o que é verdadeiro para você, não importa o quão intenso ou desafiador seja, ou o que você convenceu a si mesmo que está realmente acontecendo, isso cria uma incrível liberdade.

Ser verdadeiramente vulnerável não é deixar-se fraco ou exposto ao ataque. Ser vulnerável é ser como uma ferida aberta e não ter barreiras para ninguém ou qualquer coisa, incluindo você. Quando você não tem barreiras ou defesas, nada de bom ou ruim pode colar em você. Na maioria das vezes, levantamos barreiras pensando que vamos nos proteger, mas o que tende a acontecer é que nos prendemos atrás dessas paredes. Quando temos essas paredes, não nos separamos apenas de outras pessoas, nós nos separamos do que é realmente verdadeiro para nós. Se você realmente soltasse todas as suas barreiras, quais as crenças que você tem atualmente sobre o quão limitado você é que você realmente deve reconhecer que não são verdadeiras?

Quem você realmente seria se nunca tivesse que se defender ou provar algo para alguém nunca mais? Quando você se julga e acredita que é menos do que fenomenal, quem está sendo? Você está sendo você? Ou você está sendo o que outras pessoas gostariam que você fosse? E se você não estiver tão fodido quanto pensa que está? E se não houver nada de errado com você para esconder, superar, evitar ou se defender? E se você realmente for brilhante? Você está disposto a ver isso? Você está disposto a reconhecer isso e ser isso no mundo?

Você ser você é uma das coisas mais atraentes do mundo. E você já reconhece isso, porque as pessoas que o atraem na vida são as pessoas que estão sendo elas, que têm vulnerabilidade e disposição de estar presente com você. Elas não têm fingimentos, barreiras ou defesas. Elas não têm nada a provar. É assim que é quando você está sendo você. Você não precisa ser nada que não seja você. Quando você está sendo você, todo mundo quer estar ao seu redor. E estarão mais dispostos a dar-lhe dinheiro também, apenas para estar em torno da sua energia, apenas para ter algo do que você está tendo. Você está disposto a ser tão irresistível para os outros?

E se você demandasse de você que fosse brutalmente honesto consigo mesmo e perguntasse: "Quem estou sendo agora? Se estivesse sendo eu, o que escolheria? O que criaria?".

"O que você de verdade gostaria de ter?".

Parte de ser vulnerável também é ser brutalmente honesto sobre o que gostaria de ter em sua vida. Se você mantém isso escondido e secreto para si mesmo ou finge que não deseja o que de verdade quer, você não tem chance de realmente criar e escolher algo maior e ter uma vida que você realmente desfrute. Você deve estar disposto a não ter segredos para si mesmo.

Já parou um momento para ver o que gostaria de criar em sua vida? E se nada fosse impossível? E se você pudesse ter, e ser, e fazer e criar qualquer coisa? Você já esteve disposto a ser tão honesto consigo que admitiu o que realmente gostaria de ter na vida, mesmo que não fizesse sentido para mais ninguém?

E se escrevesse uma lista de tudo o que gostaria de ter em sua vida? Gostaria de ter uma faxineira? Uma casa nova? Uma cozinha modernizada? Existe uma viagem que gostaria de fazer? Um negócio que gostaria de começar? Quanto dinheiro gostaria de ter em sua vida?

O que é que você gostaria para você, e o que se requer para gerar e criar isso com facilidade?

Você estaria disposto a pedir tudo, não importando se você acredita que é ridículo, impossível ou totalmente inconcebível? Você estaria disposto a demandar de si mesmo que irá criar, mesmo se não tem ideia de como ou quando se realizará? Lembre-se: se você não pedir, não pode receber. Então, por que você não pede tudo o que deseja e mais, e veja o que pode aparecer, apenas por diversão?

O que você quer pedir ao universo e demandar de si mesmo? Comece a escrever como gostaria que fossem sua vida e fluxos de dinheiro. O que você gostaria de criar e gerar?

CONFIANDO QUE VOCÊ SABE

Alguém na sua vida o empoderou em relação ao dinheiro e finanças? Perguntaram o que você sabia? Você foi encorajado a confiar em si mesmo e brincar com o dinheiro? Provavelmente não. A maioria de nós não é realmente encorajada a descobrir quem somos e do que somos capazes com o que é singular em nós. Não nos disseram para confiarmos em nós mesmos e que saberíamos o que fazer. Ensinaram-nos que precisamos olhar o que todos os outros estão fazendo e embarcar nisso.

Quando viajei pela primeira vez, iria ficar no exterior por seis meses somente. Cerca de três anos depois, finalmente voltei para a Austrália. Quando o fiz, todos me disseram: "Ok, Simone, agora que teve sua aventura, pode se estabelecer, conseguir um emprego estável, casar e ter uma família".

Para mim, esta seria a pior coisa a fazer. Meu ponto de vista era: "Estou apenas começando!"..

Não estava disposta a seguir o que todos os outros me disseram que deveria ser. Sabia que outra coisa era possível e, então, não escolhi o que me disseram para escolher. Confiei que, apesar de não ter uma visão exata do que seria minha vida, sabia que poderia criar algo diferente. Eu sabia que adorava viajar, desejava possuir um negócio e sabia que desejava ter dinheiro, então, era uma questão de escolher.

"Você sempre soube, mesmo quando não funcionou".

Quando conheci Gary Douglas e o ouvi falar sobre as ferramentas de Access, sabia que correspondia ao que sabia que era possível no mundo. Confiei em mim mesma o suficiente para seguir aquilo, não importando o quê, e estou tão feliz por tê-lo feito, porque mudou minha vida e continua a mudar dinamicamente.

O que você sabe sobre o dinheiro que nunca se deu a chance de reconhecer ou pelo qual foi feito de errado?

Um dos nossos maiores presentes - e aquilo que mais ignoramos - é nossa própria consciência do que irá e do que não irá funcionar em nossas vidas.

Alguma vez já soube que algo realmente não funcionaria do jeito que você gostaria, mas você o fez mesmo assim? Você já se deitou com alguém que sabia que não deveria e acordou na manhã seguinte, perguntando-se por que fez essa escolha não tão boa? Mas, quando não funcionou, em vez de: "Oh, uau, eu *sabia* que não iria funcionar, quão brilhante eu sou?", você se julgou e se fez de errado por aquilo não funcionar, pensando que criou a trapalhada, ao invés de perceber que sabia o tempo todo que aquilo não funcionaria, e que você simplesmente fez isso mesmo assim, pensando que talvez pudesse dar um jeito nisso! Você definitivamente sabia, mas simplesmente não seguiu sua percepção.

E se você começasse a reconhecer e a confiar nesse saber e começasse a seguir sua consciência do que vai funcionar para você, ao invés de escolher o que você sabe que não vai realmente funcionar? Você está tentando criar sua vida como um sucesso ou um glorioso fracasso?

Alguns de nós passamos nossa vida inteira até agora não confiando em nós mesmos. Quando você está tão empenhado em entregar o que acha que outras pessoas precisam e querem, você pode perder contato com o que realmente deseja. Pode sentir um vazio ou como se não soubesse. Muito provavelmente, você terá a sensação de que lhe deu um branco por um tempo, quando começar a olhar para isso, porque ninguém realmente perguntou o que você de verdade deseja.

Mas confie que você *realmente* sabe. Em algum lugar, no fundo, você sabe. Talvez tenha escondido isso de você por muito tempo, mas você sabe.

> *"Se o dinheiro não fosse a questão,*
> *o que você escolheria?".*

Se o dinheiro não fosse a questão, que tipo de vida você gostaria de ter? O que você faria a cada dia, o que gostaria de criar no mundo? Qual dessas coisas poderia começar a instituir agora? Com quem você deveria conversar? O que você teria que fazer? Onde você teria que ir? Quais as escolhas que você pode fazer hoje para começar a criar sua própria realidade financeira?

Esses são os tipos de perguntas que me coloco todos os dias. Cada dia é novo para mim. Eu olho para o que desejo criar, e olho para o que estou criando e o que mais eu posso ser e fazer para criar mais do futuro que gostaria de ter.

Você também pode fazer isso. Pode começar a criar a realidade, o dinheiro, o negócio, a conscientização, a consciência, a alegria e a vida e viver o que realmente deseja. Confie em você. Esteja disposto a reconhecer que, mesmo que tenham passado 10 mil anos desde que pediu a consciência do que você deseja, você sabe e pode criar isso com mais facilidade do que pensa!

Parte dois

Vem, Dinheiro; Vem, Dinheiro; Vem, Dinheiro!

Capítulo 4

Dez coisas que farão o dinheiro vir (e vir e vir)

A esta altura, espero que você tenha começado a dissipar o nevoeiro de onde tem funcionado com dinheiro e esteja começando a olhar para sua realidade financeira a partir de um lugar de mais espaço e possibilidade do que quando começamos.

Ter uma realidade financeira que funcione para você significa ficar íntimo do que realmente deseja criar, não apenas a quantia de dinheiro que deseja ter em sua conta bancária, mas com sua vida. Quando você passa a ter mais clareza sobre o futuro que deseja criar, é mais fácil para o dinheiro chegar até você. Além disso, mudar seu ponto de vista de como você funciona energeticamente com o dinheiro é tão importante quanto os elementos 'a fazer'; você precisa mudar tudo isso para ter uma realidade diferente com o dinheiro.

Os próximos 10 elementos examinam de perto os componentes pragmáticos e práticos para mudar seu mundo financeiro. Se fizer essas coisas, elas vão funcionar. Precisa fazê-las - você tem que escolher.

Lembre-se - se você não firmar o compromisso com você e fazer a demanda de fazer o que for preciso, não importa o que pareça, será muito mais difícil mudar as coisas. Afinal, o que você tem a perder? Suas limitações com o dinheiro? Sua angústia em torno do dinheiro? Sua falta de dinheiro?

Vamos começar. Aqui estão 10 coisas que pode fazer em sua vida, que farão o dinheiro vir, e vir e vir:

1. Faça perguntas que convidem o dinheiro
2. Saiba exatamente de quanto dinheiro você precisa para viver – com alegria
3. Tenha dinheiro
4. Reconheça você
5. Faça o que ama e lhe traz alegria
6. Esteja consciente do que você diz, pensa e faz
7. Pare de estar imbuído do resultado
8. Desista de acreditar no sucesso, fracasso, necessidades & no querer
9. Tenha e seja permissão
10. Esteja disposto a sair do controle

Introduzi muitos desses conceitos na Parte Um do livro para que você se familiarizasse com a maneira como funciona quando se trata de mudar a dívida e a maneira como você funciona com o dinheiro. Nos capítulos seguintes, vamos chegar aos aspectos pragmáticos e aplicar esses 10 conceitos com ferramentas e técnicas para realmente criar mudanças nessas áreas, de modo que você seja livre para escolher, criar e aproveitar o dinheiro, em vez de ter angústia e lutar com o dinheiro.

Capítulo 5

Faça perguntas que convidem o dinheiro

Você pode ter percebido que, ao longo do livro, convidei você a fazer muitas perguntas sobre o dinheiro. É porque as perguntas são o convite para receber, o que permite que o dinheiro apareça. Se não pedir, você não pode receber.

Existe uma "Chave de Ouro", quando se trata de fazer perguntas, sobre a qual você precisa estar ciente: a verdadeira questão não está em obter uma resposta, ou do que é certo ou errado. Trata-se de se abrir para a energia de uma *possibilidade diferente*.

Fomos ensinados a fazer perguntas com ponto de vista de busca pela resposta correta, e nos ensinaram a fazer muitas afirmações, colocar um ponto de interrogação no final e fingir que estamos perguntando algo, quando, de fato, não estamos. Nada disso é sobre fazer perguntas genuínas. Basicamente, se você está fazendo uma pergunta que leva diretamente a uma resposta, um julgamento ou uma conclusão, ou se você está tentando com isso arquitetar um resultado em particular, em vez de permitir curiosidade e desejo de gerar maiores possibilidades para você, isso *não* é uma questão.

Por exemplo, aqui estão algumas frases que parecem perguntas, mas não são: "Como faço para que isso aconteça comigo??", "Por que isso está acontecendo comigo?", "O que fiz de errado?", "Por que eles são tão malvados?", "Por que não me ofereceram um aumento ainda?",

"Que m****&$ é essa?". Todas essas frases são declarações e já têm uma suposição, conclusão ou julgamento subjacente, especialmente de que você ou algo está errado. Em algum lugar, há uma resposta implícita, e não uma possibilidade. Você poderia, em vez disso, perguntar: "Que possibilidades estão disponíveis pelas quais ainda não pedi?", "O que eu escolhi criar com isso e quais outras escolhas tenho?", "O que é certo sobre mim que não estou percebendo?", "E se a escolha de alguém em ser mau não tiver nada a ver comigo, o que eu escolheria?", "O que se requer para eu estar disposto a pedir um aumento e, além disso, o que poderia criar para gerar mais dinheiro, independentemente de qualquer coisa?". e "Do que estou consciente que não estou disposto a reconhecer?".

Outra chave para fazer perguntas é mantê-las simples. Abrir uma porta para uma possibilidade diferente é tão simples como se perguntar sobre quais outras possibilidades poderá haver. Se você apenas andasse por aí, durante todo o dia, perguntando duas questões simples: "O que mais é possível?".® e "Como pode melhorar ainda mais?".™ para tudo o que aparecesse, você começaria a convidar uma novidade completa, uma infinidade de possibilidades e escolhas que não tinha antes, quando não estava perguntando nada.

"A pergunta é parceira da escolha, possibilidade e contribuição".

Quando você faz uma pergunta, começa a ficar consciente das possibilidades e das diferentes escolhas disponíveis para você. Quando você faz uma escolha diferente, toma consciência de mais possibilidades e escolhas. Quando você faz uma pergunta genuína, abre a porta para que o universo possa contribuir com você.

Pense no universo como seu melhor amigo: "Ei, vamos brincar!".. Ele deseja que você tenha exatamente o que pede e contribuirá para o que você está criando na vida.

O universo não tem um ponto de vista sobre o que você escolhe. Se suas escolhas demonstram preferência por luta, limitações e ausência de dinheiro, é isso que o universo lhe dará. Se você começar a pedir sua contribuição a partir de um senso de diversão e curiosidade, essa é a energia, as possibilidades e escolhas que se mostrarão para você.

As escolhas e as possibilidades que elege demonstram para o universo a direção em que você deseja ir. O que suas escolhas estão demonstrando? Que escolhas diferentes você poderia começar a fazer agora? Você está disposto a brincar com o universo 24 horas por dia, 7 dias da semana?

Se você deseja criar mais consciência do que é possível, pergunte: "O que posso ser ou fazer diferente a cada dia para me tornar mais consciente das escolhas, possibilidades e contribuições que estão disponíveis para mim a cada momento?".

"Comece a pedir o dinheiro, agora!".

A maioria de nós não foi ensinada a pedir dinheiro; especialmente não em voz alta e, especialmente, não sem isso ser extremamente desconfortável ou estranho. Então, você pode precisar praticar. Fique em frente ao espelho e pergunte: "Posso ter o dinheiro agora, por favor?". Fale isso repetidamente. Pratique enquanto está dirigindo. Continue perguntando. Quando você tem um cliente que precisa lhe pagar ou alguém que lhe deve dinheiro em uma fatura, pergunte: "Como você gostaria de pagar por isso?". Pode ser desconfortável no início, mas você deve começar a perguntar ou não pode receber!

Imagine se você tivesse total facilidade em pedir dinheiro, de qualquer pessoa, a qualquer momento. Quanto mais liberdade lhe daria para escolher o que funciona para você? Quanto mais paz? Quanta *diversão* poderia ter pedindo para que o dinheiro apareça de todas as maneiras?

"Use perguntas diariamente para convidar dinheiro".

Aqui está uma lista de perguntas realmente ótimas que você pode fazer todos os dias para convidar mais dinheiro para sua vida:

* *O que mais é possível que ainda não pedi?*
* *Quais as possibilidades disponíveis que ainda não instituí?*
* *Se estivesse escolhendo minha realidade financeira, o que escolheria?*
* *O que gostaria que fosse minha realidade financeira? O que teria que ser ou fazer diferente para criar isso?*
* *O que posso ser ou fazer diferente hoje para gerar mais dinheiro imediatamente?*
* *No que posso colocar a minha atenção hoje que aumentará meus fluxos de entrada de dinheiro?*
* *O que posso acrescentar à minha vida hoje para criar mais fluxos de receita e de criação imediatamente?*
* *Quem ou o que mais poderia contribuir para eu ter mais dinheiro na minha vida?*
* *Onde posso usar meu dinheiro para que ele me faça mais dinheiro?*
* *Se o dinheiro não fosse a questão, o que eu escolheria?*
* *Que ação posso fazer hoje para mudar minha realidade financeira?*
* *Se estivesse escolhendo apenas para mim, apenas por diversão, o que escolheria?*
* *Quem mais? O que mais? Onde mais?*

- E lembre-se: *Posso ter o dinheiro agora, por favor?*

Lembre-se de que ter dinheiro em sua vida diz respeito a criar uma vida e toda uma realidade financeira que funcione para você. Comece a fazer essas perguntas todos os dias e observe quais diferenças começam a aparecer. Talvez algumas possibilidades inesperadas apareçam, talvez você perceba que está menos reativo do que antes em certas situações ou que as pessoas ao seu redor começam a mudar. Seja lá o que for, tome conhecimento e reconheça, seja grato por isso e não chegue a uma conclusão em torno disso. Continue fazendo perguntas. Não importa o que apareça, peça mais, peça maior. E se as perguntas fossem tão naturais para você que você se tornasse um irrefreável convite caminhante e falante de possibilidades com o dinheiro?

Capítulo 6

Saiba exatamente de quanto dinheiro você precisa para viver – com alegria!

Quando as pessoas me perguntam como podem sair da dívida e ter todo o dinheiro que desejam, minha primeira pergunta é: você sabe exatamente quanto dinheiro precisa gerar a cada mês para que isso ocorra? A maioria das pessoas tende a criar dívidas porque não estão conscientes do quanto realmente requerem, de modo a viver a vida que elas querem. Encorajo-as a perguntar: "O que se requer para aumentar minha renda mensal? O que se requer para que minha receita seja maior do que minhas despesas?".

Aqui está algo que recomendo fortemente que você faça: tenha uma visão detalhada de quanto custa manter sua vida. Se você tem um negócio, faça isso para o seu negócio também.

Se você tem um extrato de ganhos e gastos ou algum tipo de relatório de seu contador, use-o para descobrir quanto custa para administrar seu negócio ou sua vida a cada mês. Se você não possui um extrato, anote todas as despesas do dia a dia. Anote o que você paga pela eletricidade e todos os serviços, quanto custa para manter seu carro, quanto custa para administrar sua casa, seu aluguel, sua hipoteca, mensalidades escolares, tudo.

Então, faça a soma de todas as suas dívidas atuais. Se você tiver cerca de $ 20.000 ou menos em dívida, divida por 12 e adicione isso. Se for mais de $ 20.000 de dívida, divida por 24 meses ou mais, se quiser. Basta incluir isso na lista (este é o valor que você está pedindo para pagar sua dívida a cada mês).

Em seguida, anote quanto custa para fazer as coisas que você faz para se divertir. Se gosta de receber uma massagem a cada mês ou a cada duas semanas, inclua isso. Se faz tratamentos faciais e cortes de cabelo, escreva-os. Quanto você paga pelas roupas, sapatos e livros que compra? O que gasta quando sai para jantar? Escreva tudo. Se quiser fazer mais viagens, visitar a família, ter algumas férias por ano, acrescente isso também. Ter um par de garrafas de vinho ou champanhe na geladeira, para todos os momentos, me faz feliz, então me certifico de incluir isso quando lançando minhas despesas mensais.

Depois de incluir todas as coisas divertidas, faça a soma de tudo. Quando tiver o total, adicione dez por cento do que ganhar, apenas para você. Isso será para sua conta de 10%. No próximo capítulo, vou dizer-lhe por que criar uma conta de 10%, é uma ferramenta incrível e essencial, mas, por enquanto, não deixe de reservar 10 centavos de cada dólar que recebe. E, em seguida, adicione mais 20%, só por diversão, porque você nunca sabe o que aparece e a idéia é que você esteja preparado para qualquer coisa e não limite suas escolhas.

Qual o valor total? Este é o valor real que você precisa para manter sua vida a cada mês. Se você é como a maioria das pessoas, geralmente é um pouco mais do que está ganhando atualmente.

Na primeira vez que fiz isso, a quantidade de dinheiro que precisava para criar minha vida era o dobro do valor que realmente ganhava e imediatamente fiquei oprimida, pensando: "Oh! Nunca poderei ganhar tanto dinheiro!".. Mas não fiquei naquele lugar. Demandei de mim mesma que, não importasse o que fosse preciso, iria criar essa quantia de dinheiro e mais, e perguntei o que se requer para criar isso *e mais,* com total facilidade? Agora ganho muito mais dinheiro do que a quantia chocante inicial a que havia chegado. Agora faço isso a cada seis meses. Minha vida muda o tempo todo, então minhas despesas mudam e eu desejo ter consciência total do que estou criando para que possa demandar que mais apareça.

Esse exercício não diz respeito a tentar reduzir suas despesas ou limitar você de alguma forma. A maioria dos contadores ou contabilistas analisará sua informação e dirá: "Suas despesas são muito altas. São maiores do que sua renda. O que podemos cortar?". Essa não é a minha abordagem. Meu ponto de vista é: o que mais você pode acrescentar à sua vida? O que mais você pode criar? É por isso que também recomendo que você faça esse exercício a cada 6 ou 12 meses, porque, à medida que sua vida muda, suas despesas, seus desejos e o que você requer, financeiramente, também muda.

E se esse fosse o início do seu universo financeiro sempre em expansão? Você tem que se dar o presente da consciência de saber exatamente onde você está e exatamente onde gostaria de estar, ou você não pode fazer o próximo movimento, pois sempre estará inconsciente de onde estão suas finanças.

E se você fizer isso para aumentar sua consciência? E se fizer isso por diversão? E se fizer isso apenas para tomar consciência do que mais deseja na vida e para ver o que mais pode criar? E se você saísse do trauma e drama de estar sem dinheiro e começasse a criar uma realidade totalmente diferente? Esta é sua vida. Você é aquele que a cria. Você está feliz com o que está criando atualmente ou gostaria de mudar?

Capítulo 7

Ter dinheiro

No Capítulo Dois deste livro, falei sobre a disposição em *ter* dinheiro, se você deseja criar sua realidade financeira, e sobre o que isso começa a criar em sua vida quando você o faz.

Permitir-se realmente ter dinheiro cria um senso contínuo de abundância e riqueza em sua vida que irá contribuir para você criar um futuro financeiro mais grandioso.

Tenho uma estranha obsessão por água, gosto de ter uma garrafa de água por perto o tempo todo. Muitas vezes, digo que devo ter morrido de sede em uma vida passada, porque percebi que, sempre que tenho água por perto, não sinto sede, mesmo que não beba nada! Se eu não tiver água por perto, então eu começo a sentir sede. E se for o mesmo com o dinheiro? E se ter dinheiro criar uma sensação de paz com dinheiro que permite que você vá além de qualquer sensação de falta?

Como você começa a ter mais dinheiro em sua vida e criar essa sensação de riqueza e abundância?

Aqui estão três maneiras de implementar o ter dinheiro em sua vida. Estas são ferramentas simples e eficazes de Access Consciousness e algumas das primeiras ferramentas que comecei a usar para mudar minha própria realidade financeira (e sim, resisti a elas no início e depois percebi: qual seria a pior coisa que poderia acontecer se experimentasse?). Use-as e veja o dinheiro expandir em sua vida e crescer no seu futuro. Recomendo fazer tudo isso e realmente se comprometer por, pelo menos, seis meses e ver o que muda para você.

FERRAMENTA #1 PARA TER DINHEIRO: A CONTA DE 10%

Uma das primeiras ferramentas importantes de dinheiro que eu gostaria de lhe dar é guardar 10 por cento de tudo o que você ganha, 10% de cada dólar, euro, libra ou qualquer moeda que você crie. Você não está deixando de lado para pagar contas. Você não está guardando isso para um dia chuvoso. Não é para quando ficar sem dinheiro. Não é para pagar uma grande conta que está por vir. Não é para ajudar um amigo. Não é para comprar presentes de Natal. Não é para nenhuma dessas coisas!

Você está guardando essa quantia em honra a você.

As pessoas dizem: "Eu tenho contas a pagar! Como posso guardar 10% da minha renda? Tenho que pagar as contas primeiro". Mas aqui está: se você pagar suas contas primeiro, sempre terá mais contas. Quando você paga as contas primeiro, o universo diz: "Oh, tudo bem. Esta pessoa deseja honrar suas contas. Vamos dar-lhe mais contas". Se você honrar a si mesmo, reservando 10% primeiro, o universo diz: "Oh, estão dispostos a honrar a si mesmos. Estão dispostos a ter mais", e responde a isso. Isso lhe dá mais.

Guardar 10% é presentear a você. É sobre ser grato por você mesmo.

Quando fiz minha conta de 10%, estava fazendo de má vontade porque Gary sugeriu fazê-la. A conta de 10% não funcionará se você fizer isso do ponto de vista de "Este livro ou pessoa disse para fazê-lo". Você deve fazer isso por você. Você precisa fazê-lo para mudar a energia que tem em torno das finanças e da energia que você tem em torno do dinheiro. Não apenas porque eu disse e você leu aqui neste livro. Comece a fazer a demanda para criar uma realidade diferente.

Pergunte: "O que se requer para que isso seja uma escolha por mim e não uma necessidade?". O que de pior pode acontecer? Gastar? Mas você não pode fazê-lo do ponto de vista de que você vai gastá-lo. Após três ou quatro meses de ter iniciado minha conta de 10%, a energia do dinheiro mudou para mim. Já não tinha esse pânico sobre dinheiro. Quantos de vocês têm pânico sobre o dinheiro, ou estresse sobre o dinheiro, e isso se tornou normal para você? Se olhar a energia disso, ela é de contração; é como dar uma festa deprimente à qual o dinheiro não quer vir. O dinheiro segue a *alegria*. A alegria não segue o dinheiro.

O que recomendo é que comece hoje. Mesmo se você tiver um monte de contas. Mesmo que tenha apenas $ 100 em sua carteira e esteja pensando que tem que fazer o supermercado e assim por diante. Comece hoje. A coisa é que isso não é lógico ou linear. Você pode fazer as contas em torno disso, mas isso não é computável. Energeticamente, o universo começa a contribuir com você também e você começa a ter dinheiro aparecendo nos lugares mais aleatórios.

Uma pessoa me disse que colocou dinheiro em sua conta de 10% e, quando os boletos chegaram, ela usou esse dinheiro para pagar as contas. Ela disse: "Pago todas as minhas contas na íntegra todos os meses, o que é ótimo, mas quero mudar a prioridade de pagar contas para colocar esse dinheiro em minha conta de 10% e mantê-lo lá, como uma maneira de me honrar". Ela perguntou: "Como paro de ficar sem dinheiro entre os salários?".

Eu disse: "A minha pergunta seria: a quantas conclusões você chegou de que não terá o dinheiro para pagar as contas se não usar a conta de 10%?".

O ponto de vista lógico pode ser: "Bem, eu tenho que pagar as contas, e o único dinheiro que possuo é o dinheiro da minha conta de 10%, então tenho que usar isso". Estou pedindo que você *não* funcione a partir do ponto de vista lógico. É aí que a escolha entra. Estou convidando você a ter a coragem de demandar: "Sabe do que mais? Não vou gastar minha conta de 10%". E descubra o que mais é possível de se criar.

Certa vez, a fatura de um dos meus cartões de crédito veio extremamente alta. Eu tinha o triplo daquele valor na minha conta de 10%, então sabia que poderia pagar a fatura do cartão se escolhesse isso. Não o fiz. Em vez disso, olhei para a energia que ia criar para mim se usasse o dinheiro da minha conta de 10%. Tive a sensação dessa energia, e, então, olhei o que seria criado se não fizesse isso e fizesse a demanda de criar e gerar o dinheiro para pagar os cartões de crédito. Para mim, essa segunda energia de criar mais para pagar os cartões era uma sensação de muito mais diversão.

Então, foi isso que escolhi.

FERRAMENTA #2 PARA TER DINHEIRO: CARREGUE A QUANTIA DE DINHEIRO QUE VOCÊ PENSA QUE UMA PESSOA RICA CARREGARIA

Quão diferente você se sentiria sobre sua vida se visse uma grande soma de dinheiro toda vez que abrisse sua carteira ou bolsa em vez de um monte de espaço em branco e alguns recibos amassados? E se você gostasse de ter dinheiro lá? Carregue a quantia de dinheiro que você pensa que uma pessoa rica carregaria.

Viajo muito, então é muito divertido ter meu dinheiro em moedas diferentes. Também tenho uma moeda de ouro na minha bolsa. Tê-la ali me faz feliz. Isso me faz sentir abundante com dinheiro. Para mim, isso funciona. O que funcionaria para você? O que seria divertido para você? O que faz você ter uma sensação de riqueza?

Gosto de ter, pelo menos, $1.000 comigo o tempo todo. Gosto de ter uma garrafa de água comigo o tempo todo. Gosto de ter uma garrafa de vinho em casa na geladeira. Essas coisas me deixam feliz, são alegres para mim. Elas me proporcionam a sensação de que estou criando minha vida. O que lhe dá a sensação de que está criando sua vida que, se você realmente escolher, criaria uma realidade financeira diferente para você também?

Algumas pessoas são relutantes à ideia, pensando: "E se eu for assaltado, ou perder minha carteira ou bolsa?". Tenho uma jovem amiga que carregava cerca de US$ 1800 o tempo todo e perdeu a bolsa. No momento, aquilo não foi muito bom para ela, mas, depois, ela ficou muito mais disposta a estar consciente de seu dinheiro! Se você está preocupado com algo que pode ocorrer com você, minha pergunta seria: "Quanto dinheiro precisaria carregar com você para estar disposto a estar consciente dele em todos os momentos?". Quando você carrega uma quantidade suficientemente grande, de repente, você se tornará disposto a estar mais consciente sobre o seu dinheiro. Você se tornará consciente de onde está e do que precisa para estar consciente e não ser roubado ou perder o dinheiro. Se você evitar ter dinheiro com você ou em sua vida, porque acha que vai perder ou ser roubado, nunca se permitirá ter dinheiro. Você deve estar disposto a ter dinheiro e deve estar disposto a aproveitá-lo sem um ponto de vista.

FEERRAMENTA #3 PARA TER DINHEIRO: COMPRE COISAS DE VALOR INTRÍNSECO

Comprei muito ouro e prata com minha conta de 10% e é divertido para mim. Tenho um cofre em casa onde guardo muito do meu ouro e prata. Se alguma vez tenho a sensação de que não tenho dinheiro, vou e olho no cofre e me dou conta, "Oh, eu tenho dinheiro". Esse é o tipo de coisa que a conta de 10% pode fazer por você.

Comprar itens de valor intrínseco (isto é aqueles que, pela natureza do seu material, têm valor monetário) é uma maneira de aproveitar ter o dinheiro, bem como ter, em sua vida, ativos líquidos (coisas de valor facilmente convertidas em dinheiro) que irão manter ou aumentar de valor ao longo do tempo. Coisas como ouro, prata ou platina podem ser compradas em onças, quilos ou moedas. Comprar antiguidades ou joias antigas também pode ser um bom investimento. Eles mantêm seu valor ao longo do tempo, ao contrário de móveis modernos ou bijuterias que podem ter bela aparência, mas imediatamente perdem uma grande parte do valor uma vez comprado. Coisas como talheres de prata esterlina são ótimos ativos líquidos porque são itens esteticamente belos que você pode realmente usar e que contribuirão para criar um senso de riqueza e luxo em sua vida. Não é muito melhor beber champanhe em uma linda taça de cristal ou de prata esterlina, ao invés de vidro ou plástico? Eu sei que para mim é!

Você não precisa ter milhares e milhares de dólares em sua conta de 10% para começar a comprar coisas de valor intrínseco. Pode começar com a compra de uma colher de chá de prata para mexer o café e somar a partir daí. Apenas certifique-se: o que quer que faça ou compre, siga o que é alegre para *você*. Eduque-se sobre coisas de valor que seria divertido ter em sua vida.

Também comprei diamantes e pérolas com minha conta de 10%. Sempre me certifiquei de que havia dinheiro em espécie suficiente em minha conta de 10% para que continuasse com essa sensação de paz e de que tenho dinheiro.

Quanto dinheiro você precisaria ter na sua vida para ter uma maior sensação de paz e abundância com dinheiro? E o que mais você poderia adicionar à sua vida para criar uma sensação de estética, abundância, luxo e riqueza que expanda todas as facetas de sua vida e seu viver?

Capítulo 8
Reconheça você

Reconhecer a si mesmo é algo que terá que estar disposto a fazer se desejar que sua vida e seus fluxos de dinheiro tornem-se mais fáceis e mais alegres. Quando não reconhece o que realmente é verdadeiro para você, você se diminui. Se não reconhece que já criou algo em sua vida, vai destruí-lo para acreditar que não realizou nada e vai voltar e começar de novo. Uma maneira muito mais fácil de avançar na vida é reconhecer o que realmente é, reconhecer o que você realizou, abrir os olhos para sua grandeza e não descartar as coisas que você criou e mudou. Isso é realmente importante, especialmente à medida em que continua usando essas ferramentas e tudo começa a mudar para você. Você deve reconhecer-se, deve reconhecer o que aparece, mesmo que se mostre com uma aparência muito diferente de como você pensou que seria.

Existem três maneiras pelas quais você pode começar a se reconhecer de forma mais eficaz:
1. Reconheça o seu *valor*
2. Reconheça o que é *fácil* para você fazer e ser
3. Reconheça o que você *cria*

"Não espere que os outros vejam seu valor".

Você está esperando que outros o reconheçam para que finalmente você saiba que o que tem para oferecer é valioso? E se fosse você quem reconhecesse que você é valioso, não importa o que alguém mais pensa? A maioria das pessoas nem consegue vê-lo para reconhecê-lo, porque não podem ver ou reconhecer a si mesmas! Se você está disposto a ver a grandeza de você, se você está disposto a reconhecer você, poderá ver a grandeza nos outros e poderá convidá-los a se reconhecerem, apenas sendo você.

Talvez você pense que, se encontrar o relacionamento certo, receber mais elogios em seu trabalho ou conseguir que seu difícil pai finalmente o reconheça, finalmente você se sentirá valioso. Isso tudo ainda não funcionou porque, na verdade, ninguém mais pode realmente dar isso a você. Se você ainda não se sente valioso em sua própria vida, nenhuma quantidade de pessoas lhe dizendo quão maravilhoso você é será capaz de penetrar em seu mundo. Você deve ver o seu valor primeiro, então torna-se mais fácil perceber e receber o reconhecimento de outras pessoas. E se você começar todos os dias perguntando: "O que há de grandioso em mim que nunca reconheci?", "O que tenho recusado a reconhecer sobre mim que, se reconhecesse, criaria minha vida com mais facilidade e muita alegria?".

Você tem que saber que você é o produto valioso em sua vida - não porque outras pessoas lhe dizem que você é, mas simplesmente porque você sabe que é. Essa pode ser uma das coisas mais difíceis de se fazer no início, porque tem que parar de se julgar para realmente se valorizar. Deve ser grato, e tem que ser honesto com você, deve receber sua própria grandeza sem barreiras.

Talvez no início você tenha que se forçar a ver seu valor. Pegue um caderno e anote pelo que é grato em você – adicione pelo menos três coisas diferentes todos os dias. Faça a demanda de perceber, saber, ser e receber a grandeza de você com mais facilidade. Comprometa-se com você e apoie-se neste processo.

"O que é fácil para você que você nunca reconheceu?".

Todo mundo tem uma área na vida onde faz as coisas com facilidade, sem pensar, sem julgar isso como difícil. Você apenas o faz. É super fácil. Você tem um julgamento das coisas que achou fácil na vida, por exemplo, dirigir um carro? Ou simplesmente reconhece que é um ótimo motorista e que pode lidar com qualquer coisa e pode ser isso e pode escolher isso?

Todo mundo tem algo (e muitas vezes, muitas coisas) que acha muito fácil ser ou fazer. Se você encontrar algo assim em sua vida, provavelmente, perceberá, também, que não tem julgamento sobre isso e nenhum julgamento sobre você e como faz isso. E, provavelmente, não busca alguém mais para saber como fazer isso também. Apenas faz; você é só isso! Agora, e se você tomar essa energia e perguntar: "O que se requer para eu também ser essa energia com dinheiro?".

Negócio é uma dessas coisas que é fácil para mim. Eu realmente gosto disso. Para mim, o negócio é uma das coisas mais criativas que você pode fazer. Não julgo o que ocorre nos negócios, simplesmente escolho novamente. Mesmo quando uma empresa não funcionou, nunca me incomodou a ponto de me julgar por isso. Não percebia que este era um ponto de vista tão diferente até conversar com um amigo sobre um colega que estava fazendo o que eu pensava ser uma escolha insana com seus negócios, porque para ele não havia alegria nisso. Meu amigo disse: "Simone, ninguém faz negócios pela alegria disso!"., o que foi um choque total para mim. Tive que reconhecer que eu era realmente diferente. Até aquele momento, pensava que todos faziam negócios pela alegria disso.

Perceber que fazer negócios era fácil e divertido para mim, mas não necessariamente para outros, permitiu que eu começasse a ver onde eu poderia contribuir para outras pessoas, convidando-as a ter alegria em seus negócios. Abri a porta para criar mais na minha vida - mais alegria, mais facilidade e mais dinheiro! Meu negócio, "Joy of Business" (Alegria dos Negócios"), foi capaz de ser criado e contribuir para que milhares de pessoas, em todo o mundo, tivessem outra possibilidade com os negócios. Todos os dias, pessoas entram em contato comigo, dizendo que estão tão agradecidas pelos Facilitadores do "Joy of Business", pelos cursos e livros. É assim que todos podemos ser potentes no mundo, apenas por sermos nós mesmos e estarmos dispostos a reconhecer e criar com nossas áreas de facilidade.

O que você acha fácil de fazer? O que você acha fácil que pensa que não tem valor? Geralmente, não valorizamos o que é fácil para nós, porque acreditamos que algo que realmente vale a pena ter é difícil de obter. Ou pensamos que é fácil para nós porque acreditamos que qualquer um pode fazê-lo. Nenhum desses pontos de vista é verdadeiro. Se é fácil para você, não é porque todos os outros podem fazer ou porque não é valioso, é porque você é você e tem uma capacidade nessa área.

Comece a escrever as coisas que acha fáceis e dê uma boa olhada nelas. Obtenha energia do que é fazer as coisas que são fáceis. Reconheça o quão brilhante você é!

Agora, e se você pedir que essa energia apareça em todos os lugares que você decidiu que não eram tão fáceis? Se você reconhecer essa energia e pedir que ela cresça em sua vida, ela crescerá. Se você não reconhecer isso, você não pode escolher mais disso.

E se for tão simples assim? A única maneira de saber é se você tentar e vir. O que você está esperando? O que mais você pode reconhecer sobre você que não pensou que tivesse valor?

"Você reconhece suas criações ou você as dispensa?".

Eu tinha uma amiga cujos pais diziam a ela o tempo todo: "Dinheiro não cresce em árvores, você sabe!".. Eles possuíam um pomar. Para eles, o dinheiro crescia em árvores. Mas eles não viam isso. Eles não podiam receber a alegria de serem as pessoas no mundo cujo dinheiro realmente crescia em árvores.

Com a criação de dinheiro, com que frequência você julga ou despreza a quantia de dinheiro que aparece e não aparece na sua vida, em vez de pegar cada dólar, reconhecê-lo e perguntar: "Oh, isso é tão legal, quanta diversão podemos ter?".

Recentemente, um amigo ganhou $ 20.000 apostando $ 200 em uma famosa corrida de cavalos na Austrália. Estava tão entusiasmada por ele. Quando conversamos sobre isso, a primeira coisa que fez foi começar a procurar alguém para dar um presente e com o que poderia gastar. Perguntei a ele, "E se você simplesmente recebesse essa incrível criação? E se você simplesmente pudesse ter o dinheiro?". Não era certo ou errado que desejasse presentear e gastar. Mas ele realmente não havia parado para se reconhecer. Observe a energia e o senso de possibilidade que seria criado na vida com um reconhecimento como: "Eu criei algo realmente incrível hoje. E se eu realmente recebesse esse dinheiro na minha vida e tivesse uma gratidão total por isso e por mim? E se eu realmente gostasse da minha criação? Quanta diversão posso ter e o que mais posso criar agora?".

Não nos permitimos realmente nos maravilhar com nossa capacidade de criar. E se você pudesse fazer isso com todo dinheiro que entrasse - ter total gratidão e reconhecimento por você mesmo? Quando você curte sua habilidade para criar, mais virá ao seu caminho.

Quanto você está realmente criando em sua vida que você descarta? E se você pudesse estar totalmente presente em tudo o que ocorre e com tudo o que é criado em sua vida e recebesse tudo com gratidão?

Capítulo 9

Faça o que ama

Ao longo da minha vida, notei que há pessoas que fazem coisas por dinheiro e há pessoas que fazem coisas para criar algo diferente no mundo.

Por exemplo, conheço alguém que tem muita criatividade e capacidade em seu universo, mas ela continua: "Bem, se eu fizer isso, quero a quantia x de dinheiro. Isso é o que eu exijo". E não é uma quantia pequena. Ela demanda muito e ainda não fez nada. Não criará nada até que alguém aceite pagar uma grande quantia em dinheiro, ela ainda não viu o que ela mesma pode fazer. Eu gostaria de perguntar a ela: "Por que você não cria e vê o que aparece?". Não se trata de acreditar que não pode ganhar muito dinheiro ou supor que tenha que ganhar apenas um pouco quando começa algo novo. E se você nunca deixar que nada o impeça de fazer o que você ama? E se você simplesmente fizer isso de toda forma, independentemente do dinheiro?

Não crie por dinheiro. Comece a criar e permitir que o dinheiro apareça. E, quando aparecer, comemore. Seja grato.

E não pare por aí, continue adicionando à sua vida. Inclua mais daquilo que você gosta de fazer. E continue convidando o dinheiro para vir e brincar!

"O Que Você Ama Fazer?".

Uma amiga minha, que é esteticista, perguntou-me sobre a criação de mais fluxos de receita. Perguntei-lhe: "O que você ama fazer?". Ela disse: "Eu adoro dirigir".

Ela mora na Califórnia e as rodovias têm oito pistas e estão freneticamente ocupadas, mas ela adora dirigir. Comecei a contratá-la para me buscar no aeroporto de Los Angeles e me levar para Santa Bárbara quando estava indo para lá. É muito bom ter alguém para lhe pegar no aeroporto depois de um voo de catorze horas. Ela também tem outros três clientes. Ela está fazendo algo que ama e criou outro fluxo de receita. Muitas pessoas diriam: "gosto de dirigir, mas como isso vai me fazer dinheiro? Não quero ser um motorista de táxi", em vez de apenas olhar para o que amam e estarem dispostas a criar algo alegre para elas, como fez minha amiga esteticista. É sobre escolha, possibilidade e vontade de receber.

Você deve começar a olhar para as coisas que gosta de fazer. Pegue um bloco de notas e comece a escrever tudo o que gosta de fazer. Não importa o que seja. Cozinhar, cuidar do jardim, ler, andar com o cão, falar com as pessoas. Não leve em consideração se é algo de valor no mundo (porque, como já sabemos, se é fácil e divertido, você tende a supor automaticamente que não tem valor), basta anotar. Se é divertido para você, se você ama, então coloque isso na lista. Continue acrescentando ali nos próximos dias e semanas. Então dê uma olhada - você está fazendo o suficiente daquilo que ama? Lembre-se: o dinheiro segue a alegria! Além disso, comece a perguntar: "Com qual dessas coisas poderia criar fluxos de receita imediatamente?". E observe se uma ou mais saltam aos olhos. E se essas coisas fáceis e divertidas para você fossem realmente o que poderiam lhe fazer mais dinheiro do que você pode imaginar? O que você teria que fazer, com quem teria que conversar e onde teria que ir para começar a criar isso como realidade, imediatamente? E quanta diversão você poderia ter criado?

"O Que Mais Você Pode Acrescentar?".

Um dos meus novos livros favoritos sobre a criação de riqueza é "The Penny Capitalist", de James Hester. Hester não diz: "reduza suas despesas". Ele não diz: "pare de gastar". Ele pergunta: "como você pode criar mais dinheiro com o dinheiro que ganha?". A maior parte do livro é sobre como fazer dinheiro a partir do dinheiro que você tem, seja isso cinco dólares, cinquenta dólares, cinco mil dólares ou cinquenta mil dólares.

Gary Douglas é brilhante nisso. Access Consciousness é um negócio enorme, internacional, e, em suas viagens ao redor do mundo, Gary gosta de comprar antiguidades e joias bonitas e vendê-las em sua loja de antiguidades em Brisbane. É um outro fluxo de receita para ele. Ele lucra com isso porque é algo divertido para ele e ele é brilhante nisso.

Quantas fontes de receita você poderia criar hoje? Você não precisa estar em um único trilho. Pode ter múltiplos fluxos ou fontes. E se você pudesse criar tantos quanto quiser? E se pudesse ganhar dinheiro com o dinheiro que você já possui? Atualmente, tenho vários fluxos de receita. Sou Coordenadora Mundial do Access Consciousness, tenho o negócio *The Joy of Business*, que tem um livro em 12 idiomas, cursos, telechamadas e sessões privadas. Eu também tenho um portfólio de ações que está crescendo a uma velocidade rápida e, até o momento, meu parceiro e eu temos um investimento numa propriedade em Noosa River, na Austrália. Por pura diversão, também investimos em dois cavalos de corrida com Gai Waterhouse (um dos melhores treinadores de cavalos de corrida da Austrália). Basicamente, não há limite para a quantidade de fluxos de receita que você pode pedir. O que se requer para você recebê-los e se divertir?

Quantas vezes você recusa a criação de dinheiro porque decidiu: "É muito pequeno", ou "É muito difícil" ou "Está fora da faixa em que estou"? E se isso fosse irrelevante? Se é divertido para você, é relevante. A alegria o levará mais longe na vida do que você já imaginou.

Se você está procurando mais clientes para sua empresa ou se está ficando entediado com seu trabalho, pergunte: o que mais posso acrescentar aqui?

Sempre adiciono algo novo que é interessante para mim, porque, na maioria das vezes, não gostamos de fazer o mesmo repetidamente. Não gostamos da repetição. A maioria de nós fica entediada ou sobrecarregada quando não temos o bastante acontecendo. Como você pode ficar entediado e sobrecarregado? Pode parecer estranho, mas muitas pessoas com quem falo estão exatamente nesta situação. Elas sentem que estão sobrecarregadas com tudo o que está acontecendo em suas vidas e estão completamente entediadas ao mesmo tempo. A resposta automática que a maioria das pessoas faz quando isso acontece é tentar reduzir ou simplificar. Mas isso realmente alguma vez ajudou? E se você tentar algo diferente? Se acha que tem muitas coisas acontecendo, está errado. Você pode duplicar isso. Pode triplicar. O que mais você pode criar?

Se você começar a acrescentar mais à sua vida, especialmente se está criando com as coisas que ama, tanto o tédio como a opressão começam a derreter, e a vida se torna mais uma alegre aventura de viver.

Quando comecei como Coordenadora Mundial do Access Consciousness, estávamos em cinco países. Oito a dez anos depois, estávamos em 40 países, e agora estamos em 173 países. Houve muitas vezes em que podia ter decidido que era demais ou que estava sobrecarregada, mas percebi que, quando estava disposta a olhar para a totalidade do negócio a partir de uma visão de olho de pássaro e fazer perguntas sobre o que mais poderia acrescentar ao negócio e o que mais e para quem poderia contribuir, eu sabia o que escolher em seguida.

Pratique, agora, ter essa visão de olho de pássaro com um projeto ou parte de sua vida em que você tende a entrar em esgotamento. Dê uma olhada e pergunte: "Alguém poderia contribuir com isso?", "Alguém poderia acrescentar algo a isso?", "Alguém poderia fazer isso melhor do que eu?". Essas todas são perguntas que você pode usar para que não fique sobrecarregado e para criar mais clareza.

Quando você pensar que está com coisas demais acontecendo, pergunte: "O que posso acrescentar à minha vida para ter clareza e facilidade com tudo isso e mais?". Acrescentar à sua vida irá criar mais do que você deseja, eliminar não o fará.

"Você cria diferente das outras pessoas?".

Quando falei sobre a criação de novos fluxos de receita em um curso uma vez, um dos participantes da turma disse: "Percebo o que você está dizendo e estou trabalhando em vários fluxos de receita diferentes enquanto escrevo um livro. No entanto, continuo pensando: 'Esta nova trilha está me afastando do meu livro' ou 'Meu livro está me afastando do workshop que eu quero criar'".

Esta é uma preocupação comum porque, nesta realidade, as pessoas projetam que você deveria terminar uma coisa antes de começar outra. Isso é verdadeiro para você? O que funciona para você? É mais divertido ter muitas coisas diferentes acontecendo? Experimente e veja.

Eu tinha um parceiro de negócios que sempre me dizia: "Simone, você precisa terminar uma coisa e depois começar outra, está trabalhando em muitas coisas ao mesmo tempo". E, claro, rejeitei o que sabia e minha consciência; achei que ele estava certo, então tentei fazer uma coisa e completá-la e, depois, começava outra coisa; e isso estava *me deixando louca*. Era realmente difícil trabalhar assim, porque isso não é quem eu sou e não é como crio.

Quando olhei para aquilo, percebi que realmente gosto de trabalhar em pelo menos 10 ou 20 coisas ao mesmo tempo. É alegre para mim. Adoro trabalhar com todas elas em momentos diferentes e tê-las levemente tocando minha consciência perguntando: "Ei, e eu?", quando demandam minha atenção.

Se você não julgasse como errada a maneira como você cria, quanto mais diversão poderia ter com a criação de ainda mais? E se você puder se envolver com todos os seus projetos? E se você puder ter múltiplos fluxos de receita com os quais ama criar?

A criação de múltiplos fluxos de receita é um conceito importante. Se você tem problemas para receber esse conceito ou se você pensa que isso não pode funcionar para você, por favor, reconsidere. É assim que eu crio. E é assim que vejo tantas outras pessoas incríveis criarem. Você deve estar disposto a viver fora da sua zona de conforto.

Quais outros fluxos de receita você poderia criar? Quem ou o que você poderia acrescentar à sua vida que aumentaria sua renda? Novamente, e se a criação de novos fluxos de receita não se tratasse de ser linear? Faça perguntas e siga sempre o que é mais leve e mais expansivo para você. Siga o que você sabe - porque você sempre sabe!

Capítulo 10

Esteja ciente do que você diz, pensa e faz

Criar uma realidade financeira expansiva é muito mais fácil quando você cria sua vida como um convite aberto e contínuo para o dinheiro. Para ser esse convite em sua própria vida, você precisa parar de fazer, dizer e pensar as coisas que desconvidam o dinheiro. Comece a prestar atenção em tudo o que você fala ou nos pensamentos que vêm à sua cabeça quando se trata de dinheiro, especialmente aquelas coisas que você automaticamente tende a acreditar que são verdadeiras e normalmente não questiona - e se elas não forem realmente verdadeiras?

Por exemplo, você vê um carro bonito, mas, assim que o deseja, decide que nunca poderá pagar. Você acabou de desconvidar o dinheiro. Você poderia convidá-lo para sua vida perguntando: "O que se requer para que esse carro ou esse tipo de luxo apareça na minha vida com facilidade?", essa é uma pergunta, essa é uma demanda! Dizer: "Eu não posso pagar" é uma conclusão, uma limitação, um beco sem saída, onde nenhum dinheiro e nenhuma outra possibilidade podem aparecer. Essas são as maneiras não cognitivas e, muitas vezes, automáticas que temos para impedir que o dinheiro apareça em nossas vidas com maior facilidade.

Uma amiga é mãe solteira com dois filhos e ela não diz: "Não posso pagar". Ela realmente faz uma lista de exigências para si mesma. Demanda o que gostaria de criar em sua vida e, então, olha para a lista e faz perguntas sobre como ela pode começar a criar aqueles itens.

Ela queria sair de férias com seus filhos e foi a um agente de viagens. A senhora da agência de viagens deu uma cotação para uma excursão e minha amiga disse: "Ah, eu não quero fazer uma excursão", e a mulher disse que seria muito mais caro viajar sem estar na excursão. Ao invés de decidir "Isso é muito mais caro, eu deveria fazer a excursão", minha amiga perguntou à agente: "E quanto seria se eu viajasse com as crianças, não fizesse a excursão e viajasse em uma classe melhor?". Ela não se deteve, nem interrompeu as possibilidades do que poderia criar. Fez a demanda do que ela criaria.

Você deve estar disposto a prestar muita atenção ao que pensa, acredita, diz e faz em relação ao dinheiro - porque isso é exatamente o que você criará. Outra maneira de olhar para isso é invocar (como um feitiço mágico) a existência de sua vida com seus pensamentos, palavras e ações. Por exemplo, "eu nunca tenho dinheiro, eu nunca tenho dinheiro, eu nunca tenho dinheiro" é uma invocação. Você está invocando falta de dinheiro na sua vida. Com que frequência você pensa: "Eu gostaria de poder fazer isso, mas não tenho escolha"? "Eu não tenho escolha" é exatamente a realidade que você cria toda vez que diz ou pensa isso. Você criará seu mundo de acordo com esse ponto de vista, não escolhendo nada. Isso é brilhante ou o quê? O que você pensa, diz e faz é muito poderoso e está criando sua vida como é agora. Se você quiser mudar o que não está funcionando para você, daverá estar disposto a sair do piloto automático e estar presente com o que está criando.

"Desejar versus Criar".

Com que frequência você colocou as coisas em uma lista de desejos, esperando que elas aparecessem, mas não tomou medidas para criá-las?

Vejo tantas pessoas que não querem se comprometer com criar uma realidade financeira diferente, mas ainda querem todos os resultados.

Elas dizem: "Eu gostaria de ter um milhão de dólares". Reclamam ou entram no trauma e drama do que não têm, mas não dão um único passo para a criação. Se você estivesse disposto a ser totalmente honesto consigo mesmo agora, quão familiar seria esse cenário? Com o que você fica sonhando, ao invés de se comprometer com a criação?

O compromisso é a disposição de dar seu tempo e energia a algo em que você acredita. E se você realmente acreditasse em criar um milhão de dólares e isso não apenas estivesse na sua lista de desejos?

Desejar é basicamente o que você escolhe quando já decidiu que não pode ter isso. Quando você deseja que tivesse um milhão de dólares, ao invés de fazer perguntas e dar os passos para criar isso em sua vida, você julga o fato de não ter. Você julga por que não tem isso, julga outras pessoas que o têm e julga que você nunca poderia fazê-lo. Você apresenta essa lista de razões e justificativas de por que não pode ser, ao invés de se comprometer com sua vida e comprometer-se a criar o milhão de dólares.

Há uma citação brilhante de Gary Douglas: "A única razão pela qual você escolhe o julgamento é para que você possa justificar aquilo com o que você não precisa se comprometer". Quando você está desejando, você está escolhendo se comprometer com o julgamento do que você diz que deseja; você está se comprometendo com o julgamento de você, em vez de se comprometer com sua vida.

Se você fosse brutalmente honesto, quanto você está comprometido com sua vida agora? 10%? 15%? 20%? A grande coisa sobre se comprometer com um máximo de 20% é que, quando o milhão de dólares não aparece na sua vida, não é sua culpa, porque, de qualquer maneira, você apenas se comprometeu 20%. E se você mudasse isso? Você está disposto a se comprometer 100% com sua vida?

E se hoje você começasse a escrever uma lista do que deseja criar em sua vida e sua realidade financeira, em vez da lista de desejos que nunca irá atualizar?

Dê uma olhada na sua lista e pergunte a si mesmo: você está disposto a se comprometer com a criação dessas coisas? Todas as manhãs, pergunte: "O que vai ser preciso para criar isso?". e "O que eu tenho que colocar em ação para que isso ocorra?". Então, tem que colocar algum esforço para criá-lo. Você deve começar a escolher e ver o que pode aparecer.

> *"Escolher em incrementos de 10 segundos pode transformar seus desconvites para o dinheiro em convites para dinheiro-!".*

E se você vivesse como se tivesse uma nova escolha a cada 10 segundos? Sabe de uma coisa? Você tem. Você pode escolher em incrementos de 10 segundos, sabendo que nenhuma escolha que faz está fixa no lugar. Outra maneira de ver isso é: imagine se todas as suas escolhas expirassem após 10 segundos. Se você quisesse seguir de um determinado jeito, tudo o que teria que fazer seria escolher novamente - mas você deve continuar escolhendo, conscientemente, a cada 10 segundos, então é melhor você se certificar de que é algo que realmente deseja ter! Você poderia se casar em incrementos de 10 segundos. Poderia amar seu parceiro por 10 segundos, poderia odiá-lo por 10 segundos, poderia se divorciar dele por 10 segundos e, em seguida, escolhê-lo novamente nos próximos 10 segundos. Você poderia fazer isso com seu dinheiro. Poderia escolher nenhum dinheiro por 10 segundos e escolher criar dinheiro nos próximos 10. E se a escolha pudesse realmente ser tão fácil?

Você escolhe algo e, então, tem uma nova consciência e escolhe novamente. Toda escolha lhe dá mais consciência do que é possível, então, por qual razão você não fará tantas escolhas quanto pode? O problema é que ficamos presos em nossas escolhas, particularmente quando fazemos a escolha significante. Nós fazemos uma escolha significante quando pensamos que há uma escolha certa ou errada.

Falei com uma mulher que queria se mudar de onde estava morando, mas estava julgando a si mesma sobre para onde se mudar. Ela não fazia uma escolha. Queria que sua escolha fosse a melhor escolha, a escolha certa, a boa escolha, a escolha perfeita e a escolha correta. Era como se ela pensasse que tinha apenas uma escolha, então seria melhor que fosse perfeita. Mas não é assim que funciona. A escolha não é binária. A escolha tem e é infinitas possibilidades.

Quando você faz uma escolha, essa escolha cria uma realidade e cria consciência. Não cria uma solidez significante, imutável em sua vida. Nós apenas pensamos que sim. Fazemos muito isso com o dinheiro. Decidimos que não podemos perder o dinheiro que temos, nem o dinheiro que estamos fazendo, então não vamos fazer escolhas que nos preocupem por talvez comprometerem o que temos. Você deve estar disposto a perder dinheiro - deve estar disposto a escolher, mudar e criá-lo também - você deve estar disposto a escolher tudo isso.

Para sair da significância de escolher, você deve praticar. Pratique a escolha em incrementos de 10 segundos. Comece com pequenas coisas. Quando comecei a brincar com essa ferramenta, foi "Ok, vou andar aqui. Ok, estou escolhendo fazer uma xícara de chá agora. Agora, o que vou escolher? Ah, vou caminhar do lado de fora. Vou cheirar essa flor. Vou sentar na cadeira. Agora vou me levantar e entrar". Eu me fiz continuar escolhendo e permaneci plenamente presente com cada escolha. Gostava de cada escolha. Não fiz minha escolha significante, certa, errada ou significativa. Simplesmente escolhi, apenas por diversão. Comece a praticar a escolha e esteja presente, veja o que cada escolha cria em sua vida. Como o seu corpo sente, o que ocorre para você?

Se a escolha que fizer funcionar para você, ótimo! Continue escolhendo. E, se a escolha que fez não funciona para você, continue escolhendo.

E se você pudesse, toda vez que escolhe, dar-se o presente de saber que não está preso em pedra? Se você escolher algo e custar a você x quantia de dólares e não funcionar do jeito que achava que seria, você não precisa perder tempo julgando e repreendendo-se pela sua última escolha! Você só precisa escolher novamente. Levante-se e escolha outra coisa. Veja o que vai se requerer para criar o que você deseja e continue escolhendo. O julgamento nunca criará mais dinheiro fluindo para a sua vida. A escolha criará mais fluxos de dinheiro. Que escolha você pode fazer agora?

Escolher a cada 10 segundos não se trata de ser hesitante e mudar sua mente continuamente para que você nunca faça nada. Trata-se de dar-lhe uma maior e maior consciência das infinitas possibilidades que você realmente tem disponíveis e ser capaz de fazer escolhas de qualquer tipo com facilidade e alegria. É sobre saber que pode escolher uma escolha e mudar sua escolha; você pode continuar escolhendo e realmente criar o que realmente deseja.

E se você pudesse fazer escolhas que mudassem a vida, mudassem a realidade, a cada momento de cada dia? A escolha de nunca se julgar novamente seria uma escolha muito grande. Imagine que diferença criaria em sua vida. Isso mudaria tudo. É algo que você estaria disposto a escolher em algum momento este ano ou no próximo? O que você está esperando?

Capítulo 11

Pare de estar imbuído do resultado

Quando se trata de fazer escolhas na vida, o quanto você está imbuído do resultado antes mesmo de começar? Tenho algumas informações para você: o que quer que decida que deverá aparecer, isso com frequência é uma limitação. O universo é capaz de entregar algo muito maior. Ele quer dar-lhe todo o oceano do que é possível, mas você está sentado na praia, olhando apenas para um grão de areia.

Se você desistir de estar imbuído de como as coisas aparecem, como elas poderiam aparecer muito além do que você atualmente pode imaginar? E se, ao invés de acreditar que precisa de um resultado particular em sua vida, você se comprometesse em fazer escolhas que *expandam* totalmente sua vida e seu viver, não importando como pareçam?

> *"O que você pode fazer para ter mais facilidade em fazer escolhas que expandirão seu futuro e criarão mais dinheiro?".*

Quando você se depara com uma escolha entre várias opções, aqui estão duas perguntas que podem ajudá-lo:

* Se eu escolher isso, o que será a minha vida em cinco anos?

- Se eu não escolher isso, o que será a minha vida em cinco anos?

Quando você fizer essas perguntas, não julgue antecipadamente que o que "pensa" é a melhor escolha. Apenas permita-se obter uma sensação da *energia* do que cada escolha criaria. Siga esse sentido energético do que é mais expansivo, mesmo que não tenha sentido lógico ou cognitivo para você. E se cada escolha que você fizer seguir esse senso de expansão e for algo que vai mudar a realidade de outras pessoas, assim como a sua própria? E se cada escolha que você fizer de seguir essa sensação de leveza e facilidade mudar seus fluxos de dinheiro?

Meu parceiro e eu acabamos de fazer reformas em nossa casa que nos custaram cerca de um quarto de milhão de dólares. Podíamos ter olhado para isso a partir do ponto de vista negativo: "Talvez não possamos pagar isso", "Devemos fazer isso ou devemos gastar nosso dinheiro em outra coisa?", "A casa está ok, realmente não precisamos fazer isso". Mas, quando olhamos para o que isso criaria no futuro (perguntando: "O que será a nossa vida em cinco anos se escolhermos isso?".), correspondeu à energia do que desejamos criar em nossa vida - a elegância, a decadência e a beleza absoluta. A estética que Brendon criou é fenomenal. Essas reformas contribuíram para tantas possibilidades. Por um lado, Brendon agora tem a disposição de reconhecer as capacidades que tem para criar algo totalmente diferente. Quase todos os negociantes que vêm em nossa casa olham para o nosso banheiro e dizem, "Uau, nunca vi um banheiro como este!".. É totalmente único e diferente, e, portanto, gera uma curiosidade com o que estamos criando. Por outro lado, nossa casa agora é avaliada em um preço muito maior do que quando a compramos, o que cria patrimônio para mais opções de investimento. Como você pode gastar dinheiro hoje para criar mais para seu futuro e que não está disposto a reconhecer?

E não esqueça que, quando você se diverte mais, você faz mais dinheiro.

E se a escolha fosse tão fácil como escolher cozinhar uma refeição? E se pudesse de repente decidir mudar um ingrediente ou adicionar um tempero diferente? E se você pudesse dizer: "Eu não quero cozinhar agora. Vamos sair para jantar fora", ao invés de pensar: "Ah, não, realmente deveria fazer esta receita especial neste exato momento e, se não funcionar dessa maneira, significa que é uma noite ruim e eu sou uma pessoa ruim"?

Existem áreas da nossa vida onde estamos dispostos a fazer escolhas diferentes de forma rápida e fácil, mas a maioria de nós tornou o dinheiro tão sólido, real e significante que pensamos que não podemos escolher fazer algo diferente. A verdade é que podemos. O dinheiro é tão fácil, rápido e mutável como qualquer outra coisa.

"Outra ferramenta de escolha - entregue-se!".

Sempre que estiver levando em conta uma escolha sobre algo e não tiver certeza de que deseja escolher isso, que tal se você se desse algum tempo para se entregar a isso? Entregar-se a algo significa "ceder a ou render-se ao prazer disso". O que estou sugerindo com esta ferramenta é que você se entregue a essa escolha e veja qual é a energia dela. Digamos que lhe tenham dito ou ensinado que existe uma determinada estrutura que você precisa seguir em seu negócio de modo a torná-lo bem-sucedido. Se você não tiver certeza de que funcionará, experimente e veja o que cria. Faça isso por uma semana inteira. Então, na semana seguinte, solte isso e escolha: "Esta semana não seguirei essas estruturas de sucesso. Vou seguir a energia e fazer escolhas com base nisso". Faça e veja o que aparece. Quando fiz isso, descobri que a segunda abordagem era muito mais leve e é incrível quantas possibilidades aparecem quando você está disposto a sair do seu próprio caminho.

Por exemplo, uma vez foi-me dito por um "especialista" de negócios que eu só deveria enviar e-mails comerciais durante a semana, nunca durante o fim de semana. Então, por uma semana, tentei funcionar a partir da estrutura segundo a qual me disseram que eu supostamente deveria funcionar. Eu me entreguei essa escolha. Enviei e-mails e efetuei chamadas comerciais apenas de segunda a sexta-feira. No fim de semana, voltei a fazer o que fazia antes, que era seguir a minha própria consciência, enviando e-mails e fazendo chamadas quando sentia certo para mim. Mesmo que isso significasse enviar e-mail domingo à noite. Percebi que o "horário comercial" não significava nada para mim. Qualquer hora era uma hora comercial para mim, trata-se da alegria. Meus negócios também expandiram mais quando fiz o que funcionou para mim.

Essa ferramenta possui todos os tipos de aplicações. Quando meu parceiro Brendon e eu conversamos sobre alugar uma casa grande, ainda não morávamos juntos e foi um grande compromisso para nós dois. Ele dizia: "Não sei se quero fazer isso".

Eu disse: "Bem, por que você apenas não se regala com isso?". Então, durante três dias, ele se entregou a não se mudar comigo e, durante os três dias seguintes, ele se entregou a se mudar comigo. No final desse período, ele disse: "Isso foi fácil e óbvio, prefiro viver com você. Parece muito mais divertido".

Quando se entrega a alguma coisa, você tem uma percepção muito maior da energia que seria criada ou gerada por escolher isso. Você percebe o que isso criaria. Então, entregue-se às possibilidades. Delicie-se com os conceitos de sucesso desta realidade, a estrutura do sucesso e, em seguida, não se entregue a isso. Delicie-se em seguir a energia e ir contra as regras desta realidade. Qual deles é mais leve para você?

Se você não tivesse regras e regulamentos e nenhum ponto de referência, o que você criaria? E se não houvesse um objetivo final ou resultado ideal, apenas criação infinita e ilimitada? O que seria a aventura de fazer dinheiro para você hoje? O que seria a aventura de viver hoje? Na aventura, não há regras e regulamentos, existem infinitas possibilidades a partir das quais você pode escolher!

E se você simplesmente escolher algo diferente, só porque é divertido para você?

Capítulo 12

Desista de acreditar no sucesso, fracasso, necessidades e no querer

Muitos de nós acreditamos que o *sucesso* é definido pela obtenção de um monte de coisas certas na vida. Mas o sucesso não se trata de como acertamos. Uma vez, estava conduzindo uma série de teleclasses e alguém me disse: "Eu realmente gostei das suas chamadas". Instantaneamente me concentrei em fazer bem feito e pensei: "Merda! Tenho mais três teleclasses para fazer. E se elas forem realmente ruins?".

Isso é insano! Esses pontos de vista podem surgir rapidamente. Onde decidimos que temos que corrigir? Não há *certo*. Não há *errado*. Sucesso também não diz respeito à quantidade de dinheiro em nossa conta bancária. Sucesso é criar o que desejamos no mundo, quer seja dinheiro, mudança, percepção ou consciência. Quantas vezes você recebeu exatamente o que queria ou almejava? Mesmo que nem sempre fosse do seu melhor interesse, tudo o que você realmente desejava você criou.

Para mim, desejei mudar a forma como as pessoas veem o mundo. Se eu conseguisse mudar o ponto de vista de uma pessoa, eu seria um sucesso. A partir desse ponto de vista, sou um sucesso mais de mil vezes. Onde você já é um sucesso que não reconheceu? Você passou sua vida inteira pensando que precisa ser bem-sucedido para mudar as coisas. Você já é bem-sucedido, e se deseja mudar as coisas em sua vida também, pode simplesmente mudá-las.

"Cair e Fracassar"

Muitos anos atrás, tive um grande acidente com cavalo. Depois disso, sempre que andava a cavalo, montava com o ponto de vista: "como será que vou cair?". Ou "eu me pergunto quando vou cair?". Tudo girava em torno da queda. Já quando vou esquiar, é totalmente diferente. Nunca tenho o ponto de vista de que vou cair. Eu não me importo se cair. Se caio quando esquio, porque esquio muito rápido, geralmente, é uma grande queda, com esquis e pernas e tudo o mais em todos os lugares. E está tudo bem para mim.

Eu esquio por diversão. Esquio por alegria. Sempre pergunto "O que mais posso fazer? Que salto posso ultrapassar? Quão rápido posso esquiar por entre essas árvores?". É uma aventura. Não era assim quando andava a cavalo. Conheço pessoas que têm o ponto de vista completamente oposto - adoram cavalgar e não se importam se caírem, mas ficam assustadas esquiando. A única coisa que cria a diferença entre o que é divertido, o que é cair e o que é fracassar é nosso ponto de vista e nada mais. O fracasso é uma mentira total. O julgamento sempre o impedirá de criar mais.

O que você decidiu que deve fazer certo? Você decidiu que seu negócio deve estar certo? Ou que você deve tomar a decisão certa? Ou que deve evitar decisões erradas, cair e fracassar? E se você soubesse que a escolha cria consciência? Você gastou um monte de dinheiro em algo que não funcionou? Ok, a escolha cria consciência. Então, o que você quer escolher agora? Uma escolha que não funcionou como você planejou não é um fracasso ou erro. É simplesmente diferente do que você pensou.

"E se for o momento de ser tão diferente quanto você realmente é?"

E se você não for um fracasso ou erro, for apenas diferente? E se você for diferente do que pensou que era e puder começar a escolher o que funcionará para *você* e não alguém mais? Você realmente vai fracassar? Ou vai criar algo que é totalmente diferente do que criou antes?

Aqui está um exercício que você pode fazer para reconhecer sua diferença e abandonar a mentalidade de fracasso:

1. Anote o que você acredita serem seus fracassos na vida. Você fracassou em um negócio? Fez uma escolha em que perdeu dinheiro? Sofreu uma terrível ruptura de relacionamento? Foi reprovado em matemática na escola? Depois de escrevê-los, dê uma olhada e, para cada um, pergunte: "Se não julgasse isso como um fracasso, que contribuição posso receber disso?". e "Que consciência isso criou na minha vida que eu não teria de outra forma?". Anote o que aparecer na sua cabeça. Saia do julgamento da sua escolha e peça para se dar conta da contribuição, da mudança, da consciência que isso criou para você.

2. Anote o que acredita serem seus "erros pessoais". Pelo que você se julga por ser e fazer? Ser procrastinador? Ser bagunceiro? Sempre ser perfeito? Dê uma olhada na lista de coisas pelas quais se julga por estar errado. Pergunte: "Se eu retirasse meu julgamento de erro em relação a isso, qual seria a força realmente disso?". Você pode pensar que não há nada de forte na procrastinação, mas percebo que a maioria das pessoas que procrastinam também têm uma grande consciência da sincronia das coisas que não reconheceram, ou são realmente capazes de criar muito mais do que pensavam e não têm o suficiente acontecendo em suas vidas. O que elas estavam julgando - a procrastinação - é realmente uma força e uma capacidade que elas não reconheceram nem aproveitaram completamente. E se isso fosse verdade para todos os seus erros? Quantas forças você pode começar a descobrir com esse exercício? Você logo descobrirá que não está errado.

"Não preciso nem quero dinheiro — e você também não-!".

O dinheiro não vem para aqueles que acreditam que lhes falta. A verdade é que não falta nada a você. Se você está vivo, nada está faltando. Se acorda pela manhã, você tem tudo o que precisa para criar tudo o que desejar. Necessidades e quereres dizem respeito a viver na mentira do que lhe falta.

Você sabia que o significado original de "querer", em qualquer dicionário anterior a 1946, tem 27 definições que significam "faltar" e apenas *uma* que significa "desejar"? Toda vez que você diz: "Eu quero", você está realmente dizendo: "Falta-me!".

Você faria algo para mim agora mesmo?

Diga em voz alta 10 vezes seguidas: "Eu quero dinheiro". Faça isso agora. Qual é a energia que surge quando você diz isso? É leve, divertido ou pesado e o deixa abatido?

Agora, diga isso 10 vezes seguidas, em voz alta: "Eu preciso de dinheiro". Você obtém um resultado semelhante?

Finalmente, tente dizer: "Eu *não* quero dinheiro", em voz alta, pelo menos 10 vezes e perceba... Sente diferente de algum modo? Você começou a ficar leve? Você talvez comece a relaxar, sorrir ou até mesmo rir um pouco?

Essa leveza que sente é o reconhecimento do que é verdadeiro para você. Porque, na verdade, não lhe falta nada.

"Necessidade e Escolha"

No ano passado, cheguei em casa depois de uma turnê que parecia ter cinco mil anos. Depois de estar acostumada a viver em quartos de hotel e ser sempre atendida e, em seguida, entrar em nossa casa com poeira e a sujeira das reformas, fiquei irritada porque as coisas não estavam "certas" em casa. Eu reclamava: "Queria que apenas uma vez entrasse nesta casa e tudo estivesse no lugar e impecável". Brendon me perguntou: "O que você está fazendo? O que está por trás de tudo isso?". E eu disse: "Não quero mais brincar de casa. Não quero mais fazer isso. Não quero voltar para casa e a lavanderia estar cheia, cheia de coisas para lavar e, depois, ter pratos para lavar!".. Realmente, adoro estar em casa, mas a energia que criei com o aborrecimento não era realmente criativa, era contração. Comecei a concluir, a partir de uma raiva, uma frustração, que tenho que lidar com isso, que é uma necessidade e um problema, que não há saída. Não estava olhando para o que eu gostaria de criar. Estava pensando que não tinha escolha sobre o estado da casa.

Brendon disse: "Estamos ganhando dinheiro suficiente, podemos contratar alguém. Sei que temos uma faxineira uma vez por semana e podemos contratar outra pessoa para vir por algumas horas e fazer isso", e ele estava certo. Uma vez que tomei um momento para respirar e olhei para isso, perguntei: "Sabe o quê? Gostaria que minha casa fosse assim, gostaria de escolher fazer isso", então, tudo se tornou muito mais fácil. Em vez de concluir que tinha que lidar com isso de certa maneira como uma necessidade (tendo eu mesma que limpar a casa), eu podia ver as escolhas que tinha, podia deixá-la suja, podia limpá-la eu mesma ou podia escolher contratar alguém para limpá-la para mim, e estou certa de que há ainda mais escolhas disponíveis que não tinha considerado. Agora, temos um gerente de propriedade que lida com tudo para nós em todas as nossas propriedades. Fácil.

E se tudo for realmente uma escolha? Mesmo levantar-se de manhã é uma escolha. Você não tem de fazer isso. Você pensa que tem, mas, na verdade, é uma escolha que você faz. E se fosse uma escolha que você pudesse fazer com alegria? Você escolhe viver com seus filhos e seu marido. Você escolhe manter seu emprego a cada dia. O que você gostaria de criar?

Assim como sucesso e fracasso são uma mentira, também o são necessidades e quereres. Para você, é realmente apenas escolha, consciência e mais escolha. E é assim que você cria dinheiro - escolhendo, escolhendo e escolhendo novamente. Se escolher não julgar você ou qualquer coisa em sua vida, não pode mais acreditar que é um fracasso ou que lhe falta. Quando você escolhe nunca se julgar, começa a ver que o certo e o errado, o bom e o mau, e toda essa polaridade não é real ou verdadeira e que tudo que você precisa fazer é escolher mais ou menos do que deseja. Isso cabe inteiramente a você.

Capítulo 13

Tenha e seja permissão

Permissão é quando você é uma pedra na correnteza. Todos os pontos de vista neste mundo sobre o dinheiro passam por você, mas não o carregam com eles. Você não se torna o efeito de tudo ao seu redor.

Com que frequência toma para si o julgamento de alguém a respeito de você e permite que isso o leve a um buraco negro, onde você se sente mal, errado, chateado ou ferido? Permissão dá a você a capacidade de não pegar para si os julgamentos de outras pessoas, nem de se julgar, não importa o que ocorra.

Em um período, havia algumas pessoas na Austrália que conheci, há vários anos, que me julgavam sem parar. Diziam coisas sobre mim que eram muito desagradáveis e ofensivas. Estava chateada e falei com um amigo sobre isso.

Meu amigo me disse: "Você deve ser uma fdp poderosa para isso estar acontecendo".

Exclamei: "Oh!".

Meu amigo falou: "Dê uma olhada na vida deles e depois dê uma olhada em sua vida".

Olhei o quanto minha vida havia crescido desde que os tinha conhecido e quão pequenas suas vidas se tornaram. Percebi que não estavam realmente *me* julgando. Estavam julgando o que *eles* não estavam dispostos a criar. Agora reconheço que, quando alguém está me julgando, geralmente não é sobre *mim*; é sobre *eles*. E se você estivesse disposto a receber os julgamentos que os outros têm de você? E se estivesse disposto a receber tudo isso?

Use isso como uma ferramenta! Se você se encontrar julgando alguém, pergunte-se qual o julgamento que você tem de *você* em relação a essa pessoa. Veja se isso começa a ficar mais leve. O julgamento não é real, e a permissão cria possibilidades.

Também é importante reconhecer que permissão não é aceitação. Não é tentar fazer de conta que tudo está bem. Escolhi não continuar tendo essas pessoas como minhas amigas íntimas. Não decidi que tinha que aceitar o que estavam fazendo e aguentá-las, eu ainda as incluí na minha vida e estava na permissão de que elas escolhessem me julgar. Não precisava que elas mudassem para ter uma sensação de liberdade e não ser o efeito de seu julgamento.

> *"Você está disposto a estar em permissão de você?".*

Você nota que está muito mais disposto a desistir de seus julgamentos em relação aos outros do que daqueles que você tem de si mesmo? Isso ocorre porque você não é verdadeiramente uma pessoa julgadora. Você realmente não julga outras pessoas. No entanto, você se julgará o tempo todo por toda a eternidade, enquanto acreditar que realmente é julgador dos outros. E se você desistisse de julgar qualquer coisa sobre você? 99% dos julgamentos que temos sobre nós mesmos são aqueles que captamos das pessoas que nos rodeiam. Nós os vimos julgar a si mesmos e uns aos outros, aprendemos a assimilar e a comprar tudo isso. Escolha interessante, hein?

Estaria disposto a começar a ser muito mais gentil com você? Você pode reconhecer: "Agora estou escolhendo me julgar. Vou aproveitar isso por um minuto e, então, vou escolher parar de me julgar". Você pode escolher julgar-se e pode escolher parar de se julgar. Não julgue seu julgamento! Você pode acreditar que está realmente confuso por 1 minuto, 20 minutos, ou 1 dia, ou 10 anos, se realmente quiser. Então poderia fazer uma pergunta como: "O que está certo sobre mim que não estou percebendo?".

Permissão com você significa nunca julgar você, mesmo se estiver julgando, mesmo se estiver confuso ou tiver feito algo que sabe que não foi a sua escolha mais inteligente. E se nada disso for errado? E se nada do que você já foi ou fez fosse errado? E se nada sobre você estiver errado? Que presente seria em sua vida ter permissão total por você? Imagine nunca mais julgar suas escolhas com dinheiro novamente. Você não precisaria pensar em evitar cometer erros no futuro, seria livre para criar qualquer coisa e tudo que deseja, seria livre para mudar e escolher. Mas não escolha isso; seria muito divertido!

"Não tente mudar as pessoas".

Muitas vezes, perguntam-me alguma versão da seguinte questão: "Como posso convencer meu parceiro a ter atitudes mais positivas com o dinheiro?", e dou esta resposta: "Não cabe a você convencer o seu parceiro a ter atitudes mais positivas com o dinheiro. Você deve estar disposto a permitir que ele ou ela escolha qualquer coisa. Deve estar na total permissão das escolhas de seu parceiro de ter dinheiro ou não".

Se *você* estiver disposto a ter atitudes positivas com relação ao dinheiro, se *você* estiver disposto a ter a felicidade da vida e do viver, e a ter o dinheiro fluindo para você, poderá se surpreender ao ver o que aparece para o seu parceiro.

Também deve estar disposto a ser você. Você está se segurando por causa de seu parceiro, de sua família ou das pessoas ao seu redor? E se você escolher agora para você?

Houve um momento em que meu parceiro estava passando por algumas coisas difíceis. Ele ficava deitado no sofá por dias, triste e deprimido. Não tentei corrigi-lo nem mudar nada. Apenas me comunicava com ele e continuei com minha vida. Finalmente, depois de vários dias, ele disse: "Você vai parar de ser tão feliz?!".. Isso nos fez rir porque lhe deu a energia do que ele estava escolhendo e ele viu a quantidade de energia que estava colocando em estar triste e deprimido.

Você sendo você e escolhendo o que escolhe, não importa o que se requeira, não importa o que pareça, isso convidará os outros para uma possibilidade diferente. Por favor, não tente dizer ao seu parceiro o que fazer. Nunca funciona. Você gosta que lhe digam o que fazer ou que tem que mudar sua atitude, sua perspectiva ou algo que você está fazendo? É uma das piores coisas que pode fazer com alguém. As pessoas acabarão resistindo e odiando você. Deixe-as escolherem o que escolhem e continue escolhendo o que você escolhe.

Capítulo 14

Esteja disposto a sair do controle

Às vezes, a vida pode parecer caótica. Muitas coisas estão acontecendo. Há muito a fazer. Com frequência, erroneamente, chegamos à conclusão de que, se estivéssemos no controle de tudo, seria melhor. Se todos fizessem o que dizemos, as coisas seriam mais fáceis. Você sabe que não pode controlar ninguém mais, certo? Estaria disposto a desistir de ser o controlador louco da magnitude que você é?

Você notou que quanto mais tenta controlar as coisas, mais difícil e mais estressante fica? Quão pequenos você deve criar todos os componentes da sua vida de modo a controlá-los facilmente? Quanto você fez o dinheiro em sua vida pouco o suficiente para você controlá-lo? Qual é a maior quantidade de dinheiro com a qual você poderia lidar antes de ter que permitir que outras pessoas o ajudem a gerenciá-lo? Seja qual for o montante, isso é o máximo que vai se permitir ter na vida. Você acha que os multimilionários controlam tudo relacionado com seu dinheiro? Não! Eles têm contabilistas, contadores, consultores financeiros e todo tipo de pessoas que lidam com seu dinheiro.

Pessoas que são ótimas com dinheiro sabem que não precisam controlar todos os detalhes, podem contratar pessoas que são melhores do que elas nesse tipo de coisas. Mas *estão* dispostas a estar conscientes de seu dinheiro. Estão dispostas a estar conscientes das coisas quando estão funcionando ou quando não estão funcionando, e a fazer perguntas quando sentem que algo não vai bem. E se *sair* do controle abrisse caminho para que mais continuasse vindo e com mais facilidade do que jamais imaginou? E se não ter que definir, confinar, delinear, adaptar ou criar uma estrutura o libertasse e lhe permitisse ter uma vida muito maior e mais alegre?

Houve um tempo em que me senti sozinha gerenciando muitas coisas. Eu disse a Gary que me sentia totalmente sobrecarregada.

Gary disse: "Vamos falar sobre a diferença entre *sobrecarregado* e *atolado*. *Sobrecarregado* é quando você pensa que não pode lidar com algo. *Atolado* é se ver preso aos pequenos detalhes de todos os diferentes projetos e de todas as coisas que precisam ser feitas".

Eu disse: "Isso é o que está acontecendo. Estou totalmente atolada". Em vez de soltar as rédeas e permitir que os cavalos andem em diferentes direções, eu estava criando controle para que "todas as estradas levassem à Simone".

Gary e eu falamos sobre quem poderia tirar algumas coisas dos meus ombros e, mesmo que eu visse que estava mergulhada nos detalhes, estava relutante em soltar as coisas e deixar que outros as fizessem. Não queria erros com os negócios do Access. Gary me lembrou que erros também fazem parte da criação. Ele disse: "Não há erros. Você tem que contratar pessoas excelentes para trabalhar com você e tem que estar disposta a que falhem. Você deve estar disposta a deixar que eles cometam um erro, porque, quando cometerem um erro, criarão algo maior".

Finalmente percebi que precisava soltar todas as pequenas tarefas que estava segurando. Quando peguei alguém para fazer os trabalhos e soltei, criou-se muito mais espaço para mim. Consegui criar ainda mais na minha vida, com meus negócios, com Access, com muito mais facilidade. Isso significava que meu dinheiro e renda poderiam aumentar de forma mais dinâmica também.

E se você pudesse criar sua vida, negócios e diferentes fluxos de receita, expandindo sua consciência e *soltando* o que você vem tentando controlar?

"E se você pudesse criar brilhantemente a partir do caos?".

E se você criasse coisas incríveis a partir do caos? Costumava me julgar por ser uma criadora muito caótica. Já tive um negócio com um parceiro superorganizado. Ele tinha listas de tarefas e as ticava todos os dias. Eu não poderia fazer isso. Fazia uma ligação, então olhava para alguns clientes que precisava lidar, trabalhava no planejamento do ano seguinte e a lista continuava. Eu estava por todo o lugar (de acordo com ele). Quando ele ia sair do negócio, tive que decidir se venderia ou assumiria sozinha. Ele me disse: "Simone, você é muito desorganizada para gerenciar esse negócio sozinha!".. Pensava que ele sabia mais sobre o negócio do que eu. Mas, quando olhei para todas as coisas que havia feito no negócio, realmente sabia muito mais do que ele; era apenas o julgamento de que eu não sabia o que estava fazendo, porque minha maneira de fazer negócios era mais como caos, enquanto a dele era mais ordem.

Eu vejo pessoas que, quando sentem que têm um milhão de coisas para fazer, afastam coisas e destroem futuras possibilidades, em vez de perguntarem: "Há muitos projetos no momento, quais perguntas preciso fazer para criar tudo isso com facilidade? Quem ou o que mais posso acrescentar ao meu negócio e à minha vida? O que se requer para que isso seja fácil e o que requer hoje minha atenção?". Você não precisa trabalhar em tudo todos os dias. Cada dia é diferente, cada dia é uma aventura. Cada dia você precisa começar a funcionar sem julgar o que está criando ou não.

Quando você cria a partir do caos, qualquer coisa é possível.

Para a próxima semana, tente soltar as rédeas de tudo o que você está segurando tão fortemente. Solte os projetos, familiares, amigos, dinheiro que você está tentando controlar e veja se algo novo pode aparecer. Ao invés de tentar gerenciar todos os detalhes ou lidar com tudo a cada dia, pergunte: "Do que preciso estar ciente hoje?". Pergunte o que requer sua atenção hoje e lide com isso. Se você acordar pela manhã e perguntar: "O que vem a seguir?", "O que ou quem me requer agora, e no que preciso trabalhar, quem eu preciso chamar?", poderá colocar sua atenção sobre as coisas e, então, mudar para outra coisa e depois outra coisa novamente. E se funcionar desse jeito não fosse errado? E se você não está "distraído" ou procrastinando? E se for assim a maneira como você cria?

Ficará surpreso com o que pode criar quando se permite ter a alegria de criar a partir do caos. Isso se aplica a todos os aspectos da sua vida: relacionamentos, negócios, família, fluxos de dinheiro, seu corpo. Lembre-se, você não está sozinho no universo, o universo irá contribuir com você criando tudo o que desejar, então peça por mais.

O que você não está disposto a abandonar, ou deixar de controlar, que, se abandonasse ou deixasse de controlar, criaria mais espaço para você?

Capítulo 15

Uma nota sobre fluxo de caixa

Uma vez conheci um empresário bem-sucedido na África do Sul. Ele era órfão. Aos 15 anos de idade, foi expulso do orfanato (porque, depois dessa idade, você tem que cuidar de si mesmo), então saiu com a mochila, olhou o que queria criar com sua vida e fez a demanda de si mesmo para criar isso. Ele se educou e tornou-se um advogado. Criou empresas gigantes na África do Sul - grandes resorts, uma empresa de TI e muito mais.

Sentei-me para conversar com ele porque estava realmente interessada em seu modo de criar. Parecia haver uma enorme generosidade de espírito em sua abordagem para criar seus negócios e vida. Uma coisa que ele me disse foi: "Há três coisas na vida que você deve lembrar - gratidão, crença e confiança. E, então, há fluxo de caixa". Eu ri, sabendo que ele estava correto.

Ele continuou: "Se não tiver fluxo de caixa, você se limita. Você deve continuar olhando para frente, não se deter e também estar ciente de seu fluxo de caixa".

Olhe para o fluxo de caixa que você atualmente tem ou não tem. O que se requer para ter fluxo de caixa contínuo em sua vida? Se você tiver fluxo de caixa, ele cria mais facilidade e mais espaço para as possibilidades, elimina os lugares onde você diz: "eu não tenho" ou "estou sem". E se você não tivesse que colocar tudo em uma mesma cesta quando se trata de dinheiro? E se houver muitas possibilidades (fluxos de receita) de dinheiro que você pode escolher?

E se a criação de fluxo de caixa realmente for apenas brincar com possibilidades e estar totalmente consciente da sua realidade financeira?

Quantos fluxos de receita você pode criar? O que lhe traz alegria que, através disso, você poderia fazer dinheiro? Sobre o que você está curioso?

Estou incrivelmente ocupada com o que escolho fazer com o trabalho e ainda tenho outros fluxos de receita e criação, e continuo pedindo mais para aparecer a cada dia. Você está interessado em antiguidades, moedas, bolsas de valores, compras e vendas no E-Bay? O que é que, para você, pode criar mais fluxo de caixa em sua vida que você não está disposto a reconhecer?

O que mais existe no mundo a respeito do dinheiro que seria divertido para você descobrir? Comece a educar-se sobre o dinheiro. Quais são os rostos e símbolos em sua moeda de dinheiro? Você sabe qual é a cédula de maior valor no seu país ou em outros países? De que cor é cada nota, não apenas na sua moeda, mas também em outras moedas? Familiarize-se com o dinheiro, não o evite, admire-o, brinque com ele, reconheça-o.

Quando me tornei disposta a me educar sobre o dinheiro e as inúmeras maneiras com que ele poderia contribuir para a minha vida, comecei a estar disposta a ter dinheiro. Quando me deixei ter dinheiro, tornei-me disposta a brincar com o dinheiro. Não estar disposta a me educar sobre o dinheiro criou dívida. Agora que estou disposta a me educar sobre o dinheiro, ter dinheiro e brincar com dinheiro, ele cria mais. E não pela significância de tudo, mas verdadeiramente pela *alegria* disso e pela escolha dele.

E se agora, apenas por estes 10 segundos, não importando o que está acontecendo ao seu redor, você escolhesse brincar? E se você escolhesse viver sua vida como a celebração que realmente pode ser, e convidasse o dinheiro para vir para a festa chamada "sua vida"? E se você escolhesse ser feliz e grato, continuasse escolhendo, não importando o quê?

E se a criação de sua realidade financeira fosse verdadeiramente uma exploração contínua das infinitas possibilidades para criar sua vida com alegria, incluindo seus fluxos de receita e fluxos de caixa? O que mais é possível que você ainda não considerou?

Por favor, use este livro e suas ferramentas enquanto continua a mudar sua realidade financeira. É preciso coragem para continuar escolhendo algo maior, algo diferente, e não é confortável o tempo todo. Se está lendo este livro, se está vivo neste planeta, agora mesmo, você tem a coragem e tem a capacidade. Tudo o que você tem a fazer agora é escolher.

Parte Três

SUMÁRIO E FERRAMENTAS

SUMÁRIO DOS CAPÍTULOS, PERGUNTAS E FERRAMENTAS

Este capítulo contém uma referência resumida dos principais pontos, perguntas e ferramentas do livro. Na verdade, entendo que pode ser frustrante ler como outra pessoa mudou sua vida financeiramente. O aspecto singular deste livro é que usei as ferramentas de Access Consciousness para mudar minha realidade financeira, e você também pode. Você, porém, tem que continuar escolhendo, não importa o quão desconfortável seja. Se você usar essas ferramentas todos os dias, mudará sua realidade financeira para sempre. Deixe as aventuras começarem.

PARTE UM: NOVA REALIDADE FINANCEIRA 101
Capítulo 1: O que faz dinheiro?

DINHEIRO NUNCA APARECE COMO VOCÊ PENSA QUE APARECERÁ

Dinheiro não é linear

Dinheiro não aparecerá na sua vida de uma maneira linear – pode aparecer de todas as maneiras, de todos os tipos de lugares. Se você quer fazer mais dinheiro na sua vida, deve estar aberto para todos os mágicos e miraculosos caminhos – mesmo que isso seja totalmente diferente de tudo o que você considerou. E se você pudesse ter fluxos de receita ilimitados? E se você pudesse criar dinheiro de modos que ninguém mais pode? E se você não tivesse nenhum ponto de vista sobre dinheiro?

Não imagine COMO o dinheiro deve aparecer

O universo se manifesta, você atualiza. Manifestar é "como" as coisas aparecem, e não é seu trabalho descobrir como. Atualizar é pedir que algo apareça, deixando o Universo fazer a manifestação e estando disposto a recebê-la, da maneira que aparecer.

> **PERGUNTAS**
>
> - O que se requer para que isso apareça?
> - O que se requer para atualizar isso na minha vida de imediato?

Seja paciente

O universo tem uma capacidade infinita de manifestar e, geralmente, tem uma maneira muito mais grandiosa e mágica de fazê-lo do que você pode prever. Às vezes, o universo tem que mover as coisas para criar o que você deseja. Não se julgue, seja paciente e não limite as possibilidades futuras.

Dinheiro não é apenas dinheiro em espécie

Há tantas maneiras pelas quais o dinheiro e os fluxos de caixa podem entrar em sua vida, mas se você não está disposto a reconhecê-las, se pensa que eles devem parecer de certa forma, você vai pensar que não está mudando as coisas, quando, na verdade, está.

Comece a reconhecer as diferentes maneiras com que o dinheiro aparece em sua vida. Quando seu amigo lhe paga um café ou alguém oferece algo a você, isso é dinheiro. Isso é receber.

> * Onde mais estou recebendo dinheiro que não reconheci?
> * Onde mais posso receber dinheiro que nunca reconheci?

PEÇA E RECEBERÁ

Dinheiro não julga

O dinheiro aparece para pessoas que estão dispostas a perguntar e estão dispostas a recebê-lo.

Receber é simplesmente estar disposto a ter infinitas possibilidades para algo que entre em sua vida, sem um ponto de vista sobre o quê, onde, quando, como ou por que aparece. Em outras palavras, quando você perde seus julgamentos sobre o dinheiro e sobre você em relação ao dinheiro, você pode receber mais.

E se você não precisasse de uma razão para pedir dinheiro?

E se você pudesse ter apenas porque é divertido?

E se você pudesse simplesmente pedir que ele apareça?

DINHEIRO SEGUE ALEGRIA, E NÃO O CONTRÁRIO

Se sua vida fosse uma festa, o dinheiro desejaria vir?

Se você olhasse para sua vida atual como uma festa, que tipo de convite ela seria para o dinheiro?

E se você começasse, hoje, a viver sua vida como a celebração que ela pode ser?

E se você não esperasse o dinheiro aparecer?

O que lhe traz alegria?

A energia que você cria quando se diverte, quando está totalmente e felizmente envolvido em algo que ama é generativa. Não importa como você cria essa energia.

PERGUNTAS

- O que amo fazer?
- O que me traz alegria?

Sua vida é seu negócio, seu negócio é sua vida!

Se você está vivo, você tem um negócio - é chamado de negócio de viver! Com qual energia você está administrando sua vida? Você está se divertindo?

FERRAMENTA: FAÇA ALGO QUE APRECIE TODO DIA

▸ Comece a fazer as coisas de que gosta por uma hora inteira por dia, por um dia inteiro na semana.

PARE DE FAZER O DINHEIRO SIGNIFICANTE

Quando você faz algo significante, não consegue mudá-lo

O que quer que você torne significante, você o faz maior do que você. Comece a reconhecer todos os lugares em que você fez o dinheiro significante e esteja disposto a sair desse ponto de vista e a criar uma realidade diferente para você.

- Quão significante estou fazendo o dinheiro na minha vida agora?
- Se o dinheiro não fosse significante, o que eu escolheria?

Capítulo 2: O que muda a dívida?

SEU PONTO DE VISTA CRIA SUA REALIDADE (FINANCEIRA)

Qual é seu ponto de vista sobre dívida?

Se você quiser mudar a dívida, comece por mudar seu ponto de vista. O ponto de vista que você teve sobre o dinheiro até agora criou sua situação financeira atual.

Em vez de julgar a dívida que você criou, empodere-se fazendo perguntas para que você possa mudar as coisas.

- O que mais é possível?®
- O que posso fazer e ser para mudar isso?

Você decidiu que as coisas sólidas e pesadas na vida são reais?

O que você decidiu que é real e que não é real para você? Por que você decidiu que é real? Por essa ter sido sua experiência no passado? Por "sentir" que é real: pesado, sólido, substancial ou imóvel? Poderia alguma coisa que é verdadeira para você realmente fazê-lo sentir-se como uma tonelada de tijolos, ou isso faria você se sentir mais leve e feliz?

FERRAMENTA: "INTERESSANTE PONTO DE VISTA, EU TENHO ESSE PONTO DE VISTA"

▸ Durante os próximos três dias, para cada pensamento, sentimento e emoção que surgir (não apenas sobre o dinheiro, mas sobre tudo), diga a si mesmo: "interessante ponto de vista, eu tenho esse ponto de vista". Diga isso algumas vezes até que se dissipe.

FERRAMENTA: O QUE SENTE LEVE É VERDADEIRO PARA VOCÊ E O QUE SENTE PESADO É MENTIRA

▸ Quando algo é verdadeiro para nós e o reconhecemos, isso cria uma sensação de leveza e expansão em nosso mundo. Quando algo não é verdadeiro, como um julgamento ou uma conclusão que temos sobre qualquer coisa, isso é pesado, e você se sente contraído ou apertado.

ABRINDO MÃO DO CONFORTO COM A DÍVIDA

O que você ama sobre estar em dívida e não ter dinheiro?

Se está disposto a fazer algumas perguntas, você pode reconhecer o que o está mantendo preso. Se você não o reconhece, não pode mudá-lo.

PERGUNTAS

- O que amo sobre estar em dívida?
- O que amo sobre não ter dinheiro?
- O que amo odiar por não ter dinheiro?
- O que odeio amar sobre não ter dinheiro?
- Que escolha posso fazer hoje que criaria mais agora e no futuro?

ESTEJA DISPOSTO A TER DINHEIRO

Há uma diferença entre ter, gastar e poupar dinheiro.

A maioria das pessoas só quer dinheiro para poder gastá-lo. Ter dinheiro é diferente. Ter dinheiro é sobre deixar o dinheiro contribuir para que sua vida cresça.

Poupar dinheiro é sobre deixá-lo de lado para um dia chuvoso. Poupar dinheiro e ter dinheiro são coisas diferentes.

Você é alguém que pergunta: "Como posso poupar dinheiro?". Existe uma energia generativa nesta pergunta? Parece expandir suas escolhas ou limitá-las? Existe um lugar em que você esteja querendo poupar dinheiro? Tente perguntar: "Se eu gastasse esse dinheiro que estou tentado economizar, isso criaria mais para hoje e para o futuro?".

PERGUNTAS

* Quais são as infinitas maneiras com que posso gerar mais dinheiro?
* Que energia preciso ser para criar isso com facilidade?

PARE DE EVITAR E RECUSAR DINHEIRO

Você está vivendo em um "Universo Sem Escolha"?

Existe algum lugar na sua vida em que você recusa ou evita olhar para sua situação financeira? Você tem realmente bons motivos para evitar fazer coisas simples e fáceis para criar mais dinheiro? Quando evita algo, recusa, ou não está disposto a ter alguma coisa, não se permite ter mais escolhas ou criar mais. Você deve estar disposto a olhar para onde está criando um universo sem escolha e estar disposto a mudar isso.

Qual a pior coisa que poderia acontecer se você não evitasse o dinheiro?

O que você decidiu que é o pior que poderia acontecer se você não evitasse dinheiro nem evitasse sua dívida? O que poderia mudar se estivesse disposto a ter consciência total de sua realidade financeira? Você evita fazer coisas novas que poderiam lhe fazer dinheiro?

PERGUNTAS

* Se eu não evitasse isso, o que eu poderia mudar?
* Quais as maneiras fáceis para fazer dinheiro que estou evitando?

GRATIDÃO

Seja grato pelo dinheiro!

Quando você receber dinheiro, perceba seu ponto de vista instantâneo. Você está grato por cada dólar, cada centavo que entra em sua vida? Ou tende a pensar: "Isso não é muito", "Irá cobrir esta conta", "Gostaria de ter mais"?

FERRAMENTA: PRATIQUE TER GRATIDÃO QUANDO O DINHEIRO ENTRA E SAI

* Pratique dizer: "Obrigado, estou tão feliz que tenha aparecido. Posso ter mais, por favor?".
* Quando pagar uma conta, seja grato pelo pagamento e pergunte: "O que se requer para isso voltar para mim multiplicado por 10?".

Você está disposto a ser grato por você também?

Você tem que ter gratidão por tudo o que cria, o bom, o ruim e o feio. Se você julgar isso, não poderá ver o presente de sua escolha e não vai se permitir receber as possibilidades que agora estão disponíveis por causa disso. Se tiver gratidão, terá uma realidade totalmente diferente. Ao invés de julgar a si ou a qualquer coisa que aparece em sua vida, procure o presente nisso pelo qual você possa agradecer.

PERGUNTAS

- O que está certo sobre isso?
- O que está certo sobre mim que não estou percebendo?

Você é grato quando é muito fácil?

Você descarta as coisas que aparecem em sua vida quando isso acontece com muita facilidade? Você estaria disposto a mudar isso? "Quando o dinheiro vem facilmente e você está grato, você está no caminho de ter um futuro com mais possibilidades". - Gary Douglas.

PERGUNTAS

- O que se requer para ter gratidão por cada centavo que apareça?
- Que gratidão posso ser para permitir que o dinheiro entre com facilidade e alegria na minha vida?

Capítulo 3: Como você cria uma nova realidade financeira imediatamente?

Lutar ou não lutar?

Muitas pessoas não pensam que têm a opção de estarem tristes, felizes, irritadiças, relaxadas. Circunstâncias externas não criam a maneira como nos sentimos em relação às coisas. Dinheiro não cria a maneira como você sente as coisas. Na verdade, é apenas uma escolha que você pode fazer.

PERGUNTAS

* Estou fingindo que não tenho escolhas aqui?
* Que escolhas realmente tenho?

ESTAR DISPOSTO A FAZER O QUE QUER QUE SE REQUEIRA

Assumir o compromisso de nunca desistir de você.

Comprometer-se com você diz respeito a estar disposto a ter a aventura de viver e escolher o que funciona para você, mesmo sendo desconfortável ou significando fazer escolhas que ninguém mais entenda.

Você não pode exigir de ninguém ou de qualquer coisa, exceto de você mesmo.

Você começa a criar sua vida quando finalmente faz a demanda: "Não importa o que for preciso e não importa o que pareça, vou criar minha vida. Não vou viver segundo o ponto de vista ou realidade de ninguém. Vou criar o meu próprio!"..

- Estou disposto a demandar de mim mesmo que crie o que desejo na minha vida, não importa o quê?

Esteja disposto a escolher, perder, criar e mudar qualquer coisa.

A definição de insanidade para Einstein era fazer a mesma coisa e esperar um resultado diferente. Você precisa alterar a forma como está funcionando para criar um resultado diferente.

Se está tentando mudar algo na sua vida e não está mudando, dê uma olhada para onde você pode estar fazendo a mesma coisa *diferentemente*, ao invés de realmente escolher fazer algo *completamente diferente*.

- O que decidi que é imutável?
- O que não tenho estado disposto a perder?
- O que mais eu poderia escolher se estivesse disposto a perder essas coisas?
- O que posso ser e fazer diferente para mudar isso?

DESISTINDO DE SUAS RAZÕES LÓGICAS E INSANAS PARA NÃO TER DINHEIRO

É hora de abrir mão do abuso financeiro com você?

O abuso financeiro pode assumir formas diferentes, mas muitas vezes resulta em você se sentir como se não merecesse as coisas mais básicas da vida. E se você não tivesse mais que viver segundo isso?

* Que histórias estou contando a mim mesmo sobre dinheiro? E se elas não forem verdadeiras?

* Estou permitindo que o abuso financeiro do passado comande meu futuro?

* Que escolha diferente tenho aqui?

Você está usando dúvidas, medo e culpa para distraí-lo de criar dinheiro?

Todas as vezes em que você duvida, tem medo, culpa ou acusação em torno do dinheiro, ou fica obcecado ou fixado, ou se irrita com seu *status* financeiro, você está se distraindo de estar presente com diferentes escolhas, diferentes possibilidades.

FERRAMENTA: ELIMINE ESTA PALAVRA DO SEU VOCABULÁRIO

▸ Elimine a palavra "porque" do seu vocabulário. Cada "porque" é sua maneira inteligente de comprar sua distração com uma ótima história para que você possa desistir de você. Quando você se flagrar dizendo isso, pergunte: "Oh, essa é uma ótima história. O que mais é possível se eu não usar esta história para me parar?".

* Que distrações estou usando para me impedir de criar dinheiro?

* O que mais é possível que ainda não considerei?

SENDO BRUTALMENTE HONESTO COM VOCÊ

Você está disposto a não ter barreiras?

Somos ensinados a acreditar que os julgamentos, as barreiras e paredes que erguemos nos protegerão, mas, na verdade, eles nos escondem de nós mesmos.

Criar sua própria realidade financeira é ter uma consciência do que realmente é e, em seguida, escolher o que irá criar mais para você. Você deve estar disposto a não ter julgamento e nem barreiras e a estar em total vulnerabilidade. Então, você começa a ver o que é possível para você que vem se recusando a reconhecer.

FERRAMENTA: TRANSFORME SEU ERRÔNEO EM SUA FORÇA

▸ E se o seu errôneo for realmente a sua força? Em qualquer lugar que você acha que está errado, é onde você está apenas se recusando a ser forte. Olhe o que você decidiu ser errado sobre você. Anote. Dê uma olhada e pergunte: "Que força é essa que não estou reconhecendo?".

▸ Você é uma das coisas mais atraentes do mundo. Quando você se julga, não está sendo você.

PERGUNTAS

• Se eu estivesse sendo eu, o que escolheria?

• Se eu estivesse sendo eu, o que criaria?

144

QUEM ESTOU SENDO BEM AGORA? EU, OU OUTRA PESSOA?

O que você de verdade gostaria de ter?

Parte de ser vulnerável também é ser brutalmente honesto sobre o que você gostaria de ter em sua vida. Se você mantém isso escondido e secreto para si mesmo, ou finge que não deseja o que de verdade quer, você não tem chance de criar e escolher algo maior e ter uma vida que você realmente desfrute.

FERRAMENTA: ESCREVA O QUE VOCÊ DE VERDADE DESEJA NA VIDA

> Você está disposto a ser tão honesto consigo mesmo que admitiria o que realmente gostaria de ter na vida, mesmo que isso não faça sentido para mais ninguém? Escreva uma lista de tudo o que gostaria de ter em sua vida (use as perguntas abaixo para ajudá-lo). Se nada fosse impossível, o que você escolheria? Dê uma olhada na sua lista e pergunte: "O que se requer para gerar e criar isso com facilidade?".

PERGUNTAS

- O que eu gostaria de criar na minha vida?
- Se eu pudesse ter, ser, fazer e criar qualquer coisa, o que eu gostaria de escolher?
- O que decidi que é impossível que realmente gostaria de ter?
- Qual a coisa mais ridícula ou inconcebível que eu poderia pedir?
- O que é que eu gostaria de solicitar ao universo e demandar de mim mesmo?

CONFIANDO QUE VOCÊ SABE

Você sempre soube, mesmo quando não funcionou.

Você já soube que algo realmente não funcionaria do jeito que você gostaria, mas você o fez mesmo assim?

FERRAMENTA: RECONHEÇA SEU SABER

> Anote todas as vezes que você fez algo que sabia que não deveria e funcionou exatamente como você sabia. Anote todos os momentos em que algo funcionou e você sabia o tempo todo, não importando o que alguém dissesse. Reconheça que, não importa como funcionou, você sempre soube.

PERGUNTAS

- O que sei sobre o dinheiro que nunca me dei a chance de reconhecer ou pelo que me fizeram de errado?

Se o dinheiro não fosse a questão, o que você escolheria?

Você deve fazer perguntas a cada dia, se quiser mudar as coisas e se quiser criar um futuro financeiro que funcione para você. Todo dia é novo, sempre há mais possibilidades disponíveis. Tudo o que você tem a fazer é perguntar.

PERGUNTAS

- Se o dinheiro não fosse a questão, o que eu escolheria?
- O que eu gostaria de criar no mundo?
- Qual dessas coisas eu poderia começar a instituir agora mesmo?
- Com quem deveria conversar?
- O que eu teria que fazer?
- Onde eu teria que ir?
- Quais escolhas eu poderia fazer hoje para começar a criar minha própria realidade financeira?

PARTE DOIS: VEM, DINHEIRO; VEM, DINHEIRO; VEM, DINHEIRO!
Capítulo 4: Dez coisas que farão o dinheiro vir (e vir e vir)

1. Faça perguntas que convidem o dinheiro
2. Saiba exatamente de quanto dinheiro você precisa para viver – com alegria
3. Tenha dinheiro
4. Reconheça você
5. Faça o que ama
6. Esteja consciente do que você diz, pensa e faz
7. Pare de estar imbuído do resultado
8. Desista de acreditar no sucesso, fracasso, necessidades e no querer
9. Tenha e seja permissão
10. Esteja disposto a sair do controle

Capítulo 5: Faça perguntas que convidem o dinheiro

As perguntas são o convite para receber, o que permite que o dinheiro apareça. Se não perguntar, você não pode receber.

Se começa uma pergunta com "Por que" ou "Como", na maioria das vezes, você não está realmente fazendo uma pergunta. Se você está procurando uma resposta específica (ou já pode prever uma resposta à pergunta) - adivinhe o quê? -, você não está realmente fazendo uma pergunta!

Aqui estão exemplos de perguntas que irão convidar o dinheiro.

PERGUNTAS

- O que poderia aparecer que seria melhor do que eu poderia imaginar?
- O que escolhi criar com isso e quais outras escolhas tenho?
- O que está certo sobre mim que não estou percebendo?
- O que posso ser ou fazer diferente a cada dia para me tornar mais consciente das escolhas, possibilidades e contribuições que estão disponíveis para mim em cada momento?

Comece a pedir pelo dinheiro, agora!

O objetivo aqui é ter mais facilidade em pedir dinheiro. E se pedir dinheiro fosse realmente divertido para você? Quanta *diversão* você poderia ter pedindo que o dinheiro apareça de todas as diversas maneiras?

FERRAMENTA: PRATIQUE PEDIR PELO DINHEIRO

- Fique na frente do espelho e pergunte: "Posso ter o dinheiro agora, por favor?". Diga repetidamente.
- Quando você tem um cliente que precisa lhe pagar ou alguém que lhe deve dinheiro em uma fatura, pergunte: "Como você gostaria de pagar por isso?".

Faça perguntas diariamente para convidar dinheiro

Continue fazendo perguntas. Não importa o que aparece - peça mais, peça algo maior. E se perguntar fosse tão natural para você que você se tornasse um irrefreável convite caminhante e falante de possibilidades com o dinheiro?

PERGUNTAS

- O que mais é possível?
- Como pode melhorar? (Pergunte quando coisas boas e ruins aparecem)
- O que gostaria que fosse minha vida financeira?
- O que eu teria que ser ou fazer diferente para criar isso?
- O que posso ser ou fazer diferente hoje para gerar mais dinheiro imediatamente?
- No que posso colocar minha atenção hoje que aumentará meus fluxos de dinheiro?
- O que posso acrescentar à minha vida hoje para criar mais fluxos de receita imediatamente?
- Quem ou o que mais poderia contribuir para eu ter mais dinheiro na minha vida?
- Onde posso usar meu dinheiro de modo que ele faça mais dinheiro para mim?
- Se o dinheiro não fosse a questão, o que eu escolheria?
- Se estivesse escolhendo apenas para mim, apenas por diversão, o que escolheria?
- Quem mais? O que mais? Onde mais?
- Posso ter o dinheiro agora, por favor?

Capítulo 6: Saiba exatamente de quanto dinheiro você precisa para viver - com alegria!

Você precisa saber exatamente quanto custa para manter sua vida com alegria, ou você não poderá efetivamente aplicar todas essas ferramentas maravilhosas, porque não terá a clareza necessária para avançar.

FERRAMENTA: ESCREVA O QUE CUSTA PARA VOCÊ VIVER COM ALEGRIA

- Anote suas despesas. Se você tem um extrato de ganhos e gastos ou algum tipo de relatório de seu contador, use-o para descobrir quanto custa para administrar seu negócio ou sua vida a cada mês.
- Adicione todas as suas dívidas atuais. Se você tiver cerca de US $ 20.000 ou menos em dívida, divida-o por 12 e adicione isso. Se for mais de $ 20.000 de dívida, divida-o por 24 meses ou mais, se quiser. Inclua isso na lista.
- Anote quanto custa para fazer as coisas que você faz para se divertir.
- Some tudo.
- Adicione 10% para sua conta de 10%.
- E, em seguida, adicione mais 20%, só pela diversão disso.
- Porque a vida é sobre se divertir!
- Dê uma olhada no valor que você obteve. Este é o valor real que precisa para manter sua vida a cada mês.
- Faça perguntas. Demande que essa quantia de dinheiro apareça e mais.
- Faça esse exercício a cada 6 ou 12 meses, porque à medida que sua vida muda, suas despesas, seus desejos e o que você requer, financeiramente, também muda.

- O que se requer para criar esta quantia de dinheiro e mais, com total facilidade?
- O que mais posso acrescentar à minha vida?
- O que mais posso criar?

Capítulo 7: Ter dinheiro

FERRAMENTA #1 PARA TER DINHEIRO: A CONTA DE 10%

Guarde 10% de tudo o que você ganha.

Você está guardando essa quantia em honra a você. Lembre-se, isso não é lógico ou linear. Energeticamente, o universo começa a contribuir com você também e você começa a ter o dinheiro aparecendo nos lugares mais aleatórios.

FERRAMENTA #2 PARA TER DINHEIRO: CARREGUE DINHEIRO

Carregue a quantia de dinheiro que você pensa que uma pessoa rica carregaria.

O que cria para você ver uma grande quantia de dinheiro na sua carteira toda vez que a abre? Isso contribui com uma sensação de riqueza? É divertido? Experimente e veja.

Se tiver um ponto de vista sobre carregar muito dinheiro com você porque pensa que perderá ou pode ser assaltado, pergunte: "Quanto dinheiro precisaria carregar comigo para estar disposto a estar consciente dele em todos os momentos?".

FERRAMENTA #3 PARA TER DINHEIRO: COMPRE COISAS DE VALOR INTRÍNSECO

Itens de valor intrínseco mantêm ou aumentam seu valor uma vez adquiridos.

Coisas como ouro, prata, platina, antiguidades, itens raros possuem valor intrínseco.

Considere comprar ativos líquidos (coisas de valor facilmente convertidas em dinheiro) que também possuem uma beleza estética que acrescentem algo à sua vida, contribuindo para criar um senso de riqueza e luxo em sua vida, além de ter valor monetário.

FERRAMENTA: EDUQUE A SI MESMO SOBRE ITENS DE VALOR E O QUE CRIA SENTIDO DE RIQUEZA PARA VOCÊ

Eduque-se sobre coisas de valor que seriam divertidas para você ter em sua vida. É divertido para você ter dinheiro e ativos líquidos? Quanto dinheiro em espécie você precisaria ter na sua vida para ter uma maior sensação de paz e abundância com dinheiro? O que mais você poderia acrescentar à sua vida para criar um senso de estética, abundância, luxo e riqueza que expande todas as facetas de sua vida e viver?

Capítulo 8: Reconheça você

Há três maneiras pelas quais você pode começar a reconhecer-se de forma mais efetiva:
* Reconheça o seu *valor*
* Reconheça o que é *fácil* para você fazer e ser
* Reconheça o que você *cria*

Não espere que os outros reconheçam seu valor

Você está esperando que outros o reconheçam para que finalmente saiba que o que você tem para oferecer é valioso?

E se fosse você quem reconhecesse que você é valioso, não importa o que alguém pense?

FERRAMENTA: ESCREVA A GRATIDÃO QUE VOCÊ TEM POR VOCÊ

▶ Pegue um caderno e anote pelo que é grato em relação a você - acrescente pelo menos três coisas diferentes todos os dias. Faça a demanda de perceber, saber, ser e receber a grandeza de você com mais facilidade. Comprometa-se com você e apoie-se nesse processo.

PERGUNTAS

· O que é fantástico em mim que nunca reconheci?

· O que venho me recusando a reconhecer sobre mim que, se eu reconhecesse, criaria minha vida muito mais cheia de facilidade e alegria?

O que é fácil para você que nunca reconheceu?

O que você acha fácil fazer? O que você acha fácil e pensa que não tem valor?

FERRAMENTA: ANOTE O QUE É FÁCIL PARA VOCÊ SER E FAZER

▶ Comece a anotar as coisas que você acha fácil e realmente esteja ciente delas. Obtenha a energia do que é fazer as coisas fáceis. Reconheça o quão brilhante você é!

> Peça que essa energia apareça em todos os lugares que você decidiu que não eram tão fáceis. Se você reconhecer essa energia e pedir que ela cresça em sua vida, ela crescerá.

• O que mais posso reconhecer sobre mim que não pensei que tivesse valor?

Você reconhece suas criações ou você as dispensa?

Quanto você está realmente criando em sua vida e descarta? E se você pudesse estar totalmente presente em tudo o que ocorre e com tudo o que é criado em sua vida e pudesse receber tudo com gratidão?

Observe a energia e o senso de possibilidade que seria criado na vida com um reconhecimento como: "Eu criei algo realmente incrível hoje".

• O que se requer para receber esse dinheiro na minha vida e ter total gratidão por isso e por mim?
• Onde mais posso reconhecer minha habilidade de criar?
• E se eu realmente desfrutasse da minha criação?
• Quanta diversão posso ter e o que mais posso criar agora?

Capítulo 9: Faça O Que Você Ama

Quando você incluir mais do que você ama fazer, continuará convidando o dinheiro para vir brincar.

O Que Você Ama Fazer?

Você deve começar a olhar para as coisas que ama fazer.

FERRAMENTA: FAÇA UMA LISTA DE TUDO O QUE VOCÊ AMA FAZER

- Pegue um bloco de notas e comece a escrever tudo o que você ama fazer.
- Continue acrescentando nos próximos dias e semanas.
- Depois dê uma olhada - você está fazendo o suficiente do que ama?
- Faça algumas perguntas.

PERGUNTAS

- Com quais desses itens eu poderia criar fluxos de receita imediatamente? (Observe se um ou alguns saltam aos seus olhos; e se você começar com esses?)
- O que você teria que fazer, com quem teria que conversar e onde teria que começar a criar isso como realidade, imediatamente?
- Quanta diversão poderia ter criando isso?

O QUE MAIS VOCÊ PODE ACRESCENTAR?

Você não precisa ter uma única fonte. Você pode ter múltiplos fluxos ou fontes. E se você pudesse criar tantos quanto quisesse? Não há limite para a quantidade de fluxos de receita que pode pedir. Como você pode saber quais são relevantes? Se é divertido para você, é relevante.

Acrescentar à sua vida criará mais do que você deseja, eliminar de sua vida não o fará.

Se você começar a adicionar mais à sua vida, especialmente se você está criando com coisas que ama, tanto o aborrecimento quanto a sobrecarga começam a derreter.

FERRAMENTA: TENHA UMA VISÃO DE PÁSSARO SOBRE AS COISAS

Pratique ter uma visão de pássaro com os projetos ou partes de sua vida em que você tende a ficar sobrecarregado. Dê uma olhada e pergunte:

▸ "Alguém poderia contribuir com isso?".

▸ "Alguém poderia fazer isso melhor do que eu?".

▸ "O que posso adicionar à minha vida para que eu tenha clareza e facilidade com tudo isso e mais?".

PERGUNTAS

• Se você está procurando por mais clientes para seu negócio, ou está entediado com seu trabalho, pergunte: O que mais posso acrescentar aqui?

• Se você está sobrecarregado, pergunte: O que mais posso adicionar aqui? O que mais posso criar?

Você cria diferente das outras pessoas?

Pessoas projetam em você que você deve terminar uma coisa antes de começar outra.

Isso é verdade para você? Se você não julgasse de errada a maneira como cria, quanta diversão poderia ter com criar ainda mais em sua vida?

PERGUNTAS

• O que funciona para mim?

• É mais divertido ter muitas coisas diferentes acontecendo?

• Se eu pudesse criar meu dinheiro e minha vida de qualquer maneira que deseje, o que escolheria?

Comece a ouvir tudo o que sai da sua boca ou aparece na sua cabeça quando se trata de dinheiro, especialmente aquelas coisas que você automaticamente tende a acreditar que são verdadeiras e normalmente não questiona - e se elas realmente não forem verdadeiras?

Desejar versus Criar

Com que frequência você colocou as coisas em uma lista de desejos, esperando que elas aparecessem, mas não tomou medidas para começar a criá-las?

Compromisso é a disposição de dar seu tempo e energia a algo que você demanda que apareça.

FERRAMENTA: FAÇA UMA LISTA DE CRIAÇÃO. NÃO UMA LISTA DE DESEJOS

> Escreva uma lista do que você deseja criar em sua vida e em sua realidade financeira, em vez de uma lista de desejos. Faça perguntas. E escolha.

PERGUNTAS

- O que estou desejando, em vez de me comprometer com a criação?
- Se eu fosse brutalmente honesto, quanto estou comprometido com minha vida agora? 10% ou menos? 15% ou menos? 20%?
- Estou disposto a me comprometer 100% com minha vida?
- Estou disposto a me comprometer com a criação das coisas que eu desejo?
- O que vai me levar a criar isso?
- O que tenho que colocar em ação para que isso ocorra?

Escolhendo em incrementos de 10 segundos

Imagine se todas as suas escolhas expirassem após 10 segundos. Se você quisesse seguir de um certo modo, tudo o que teria que fazer seria escolher novamente - você deve continuar escolhendo isso, conscientemente, a cada 10 segundos, então é melhor você se certificar de que é algo que realmente deseja ter! E se a escolha pudesse realmente ser tão fácil? Se você escolher algo e não funcionar, você não precisa perder tempo julgando e se repreendendo pela sua última escolha. Você só precisa escolher novamente.

FERRAMENTA: VIVA 10 SEGUNDOS DE CADA VEZ

- Pratique escolher em incrementos de 10 segundos.
- Comece com pequenas coisas (ficar de pé, sentar, fazer uma xícara de chá, escolher uma flor etc.).
- Esteja totalmente presente com cada escolha. Aproveite cada escolha. Não faça a escolha significante, certa, errada ou importante.
- Observe como seu corpo sente, o que ocorre para você?

Capítulo 11: Pare de estar imbuído do resultado

Quando se trata de fazer escolhas na vida, o quanto você está imbuído do resultado, antes mesmo de começar? E se o que você decidiu que deve aparecer for uma limitação? Pare de estar imbuído do resultado e peça pela consciência de quais escolhas irão expandir sua vida e viver. Permita-se obter o senso da *energia* do que cada escolha criaria. Siga esse sentido energético do que é mais expansivo, mesmo que não tenha sentido lógico ou cognitivo para você.

> Quando você está olhando para uma escolha a fazer, faça estas duas perguntas:
> Se eu escolher isso, o que será minha vida em cinco anos?
> Se eu não escolher isso, o que será minha vida em cinco anos?

Entregue-se a isso

Entregar-se a algo significa "ceder ou render-se ao prazer disso".

Sempre que você está levando em consideração uma escolha sobre algo e não tem certeza do que deseja escolher, e se você se der algum tempo para entregar-se a isso?

FERRAMENTA: ENTREGUE-SE A DIFERENTES ESCOLHAS

> Olhe para algo que você não tem certeza de que quer escolher. Pelos próximos 3 dias, entregue-se a se permitir essa escolha. Quando você se entrega a se deleitar com algo, tem mais consciência da energia que seria criada ou gerada ao escolher isso. Pelos 3 dias seguintes, entregue-se a não escolher isso. Qual é mais leve para você?

PERGUNTAS

> Se eu não tivesse regras e regulamentos e nenhum ponto de referência, o que eu criaria?

Capítulo 12: Desista de acreditar no sucesso, fracasso, necessidades e no querer

Você já é bem-sucedido e, se deseja mudar as coisas em sua vida também, pode simplesmente mudá-las. Onde você já é um sucesso que não reconheceu?

Cair e Fracassar

Não existe essa coisa de fracasso. É só o seu ponto de vista. Uma escolha que não funcionou como você planejou não é um fracasso ou erro. É simplesmente diferente do que você pensou.

FERRAMENTA: ESCOLHA POR CONSCIÊNCIA E NÃO TENTE ACERTAR

Pratique a escolha de criar consciência em seu mundo. Não faça com que se trate de certo ou errado. O que você gostaria de escolher?

PERGUNTAS

- O que você decidiu que tem que acertar?
- Decidiu que o seu mundo de negócios/relacionamento / finanças deve estar certo?
- Decidiu que deve tomar a decisão certa?
- Decidiu que você deve evitar decisões erradas ou evitar falhar e fracassar?
- E se você soubesse que essa escolha cria consciência?
- O que essa escolha pode contribuir para você que você ainda não tomou consciência?

E se for o momento de ser tão diferente quanto você realmente é?

E se *você* não for um fracasso ou erro, apenas diferente?

FERRAMENTA: RECEBA A CONTRIBUIÇÃO DE SEUS "FRACASSOS"

> Anote o que você acredita serem seus fracassos na vida. Depois de escrevê-los, dê uma olhada e, para cada um, pergunte-se: "Se eu não julgasse isso como um fracasso, que contribuição poderia receber disso?" e "Que consciência isso criou na minha vida que eu não teria de outra forma?". Anote o que aparecer na sua cabeça. Saia do julgamento de sua escolha e peça para tomar consciência da contribuição, da mudança e da consciência que isso criou para você.

> Anote o que você acredita serem seus "erros pessoais". Dê uma olhada na lista de coisas sobre as quais você julga a si mesmo por estar errado. Pergunte: "Se eu tirasse meu julgamento de erro em relação a isso, qual seria a real força disso?".

Não preciso nem quero dinheiro – e você também não!

Você sabia que o significado original de "querer", em qualquer dicionário anterior a 1946, tem 27 definições que significam "faltar" e apenas *uma* que significa "desejar"? Toda vez que você diz: "Eu quero", está realmente dizendo: "Falta-me!"..

FERRAMENTA: "NÃO QUERO DINHEIRO"

> Pratique dizer todo dia em voz alta: "Eu não quero dinheiro", pelo menos 10 vezes seguidas. Observe como as coisas ficam leves. Essa leveza que você sente é o reconhecimento do que é verdadeiro para você. Porque, na verdade, não lhe falta nada.

Necessidade e Escolha

Amamos acreditar que precisamos de coisas. Mas e se tudo, na verdade, for uma escolha?

PERGUNTAS

- O que decidi que é uma necessidade?
- Isso é realmente uma necessidade? Ou é uma escolha?
- Quais necessidades posso reconhecer agora que são uma escolha?
- E se for uma escolha que eu possa fazer com alegria agora?
- O que eu gostaria de criar?

Capítulo 13: Tenha e seja permissão

Permissão é quando você é uma pedra na correnteza. Todos os pontos de vista, neste mundo, sobre dinheiro, passam por você, mas não o levam com eles. Permissão não é aceitação. Não tente fazer de conta que tudo está ok. Você pode traçar seu limite. Você escolhe o que funciona para você.

Quando as pessoas julgam, não é sobre você, é sobre os julgamentos que elas têm delas mesmas e do que não estão dispostas a criar.

FERRAMENTA: QUAL É O SEU JULGAMENTO DE VOCÊ?

Se você se pegar julgando alguém ou alguma coisa, pergunte-se que julgamento você tem de você com respeito a essa pessoa ou coisa. Veja se isso começa a ficar mais leve. O julgamento não é real e a permissão cria possibilidades.

O que se requer para estar disposto a receber os julgamentos (bons e ruins) que os outros têm de mim?

E se eu estivesse disposto a receber tudo com facilidade?

Você está disposto a ser a permissão de você?

Em relação à maioria dos julgamentos que temos sobre nós mesmos, 99% deles pegamos das pessoas que nos rodeiam. Na verdade, não são reais ou verdadeiros.

FERRAMENTA: NÃO JULGUE SEUS JULGAMENTOS, CURTA-OS, DEPOIS ESCOLHA DE NOVO!

Quando você está se julgando, reconheça: "Agora mesmo estou escolhendo me julgar. Vou curtir isso por um minuto, e depois vou escolher parar de me julgar".

Você pode escolher julgar a si mesmo e pode escolher parar de se julgar.

Quando estiver pronto para parar de julgar a si mesmo, faça perguntas.

O que está certo sobre mim que não estou percebendo?

E se nada do que já fui ou fiz fosse errado?

E se nada sobre mim for errado?

Que presente seria em minha vida se tivesse total permissão por mim?

Que bondade posso ser para mim, não me julgando hoje?

Não tente mudar as pessoas

A única pessoa que você pode mudar é você, ninguém mais. Se tenta fazer com que as pessoas escolham o que você quer que escolham, elas terminam resistindo e odiando-o por isso. Deixe que as pessoas escolham o que escolhem e continue escolhendo o que você escolhe.

PERGUNTAS

* Estou julgando as escolhas do meu parceiro/família/amigos?
* Que permissão posso ter por eles e por suas escolhas?
* O que gostaria de escolher para mim agora que ainda não escolhi?

Capítulo 14: Esteja disposto a sair do controle

O quanto, em sua vida, você fez o dinheiro pouco o suficiente para você controlá-lo?

E se você pudesse criar sua vida, negócios e diferentes fluxos de receita, expandindo sua consciência e *soltando* o que você vem tentando controlar?

E se você pudesse criar brilhantemente a partir do caos?

Lembra que criar dinheiro não é linear? Você também não é linear! E se pudesse criar o que for que deseje e requeira criar, mesmo que pareça totalmente caótico para os outros? E se você desistir de tentar controlar sua vida e simplesmente começar a criá-la? Lembre-se: você não está sozinho no universo, o universo irá contribuir com você criando tudo o que desejar, então peça mais.

Para a próxima semana, tente soltar as rédeas de tudo o que você está segurando tão fortemente. Solte as coisas que você está tentando controlar e veja se algo novo aparece. Faça muitas perguntas

PERGUNTAS

Quais perguntas preciso fazer para criar tudo isso com facilidade?

Quem ou o que posso acrescentar ao meu negócio e à minha vida?

O que seria preciso para que isso fosse fácil?

O que requer minha atenção hoje?

Em que preciso trabalhar agora para criar isso?

Capítulo 15: Uma nota sobre fluxo de caixa

E se a criação de fluxos de caixa for apenas brincar com possibilidades?

FERRAMENTA: PRESTE ATENÇÃO AO SEU FLUXO DE CAIXA E FAÇA MAIS PERGUNTAS

Olhe para o fluxo de caixa que você atualmente tem ou não tem. Tome tempo para dar sua atenção a isso e fazer mais perguntas todos os dias. Comece a educar-se sobre o dinheiro.

- O que seria preciso para ter fluxo de caixa contínuo na minha vida?
- Quantos fluxos de receita e criação posso criar?
- Com o que eu quero brincar?
- O que me traz alegria?
- Sobre o que sou curioso?
- O que mais existe no mundo a respeito do dinheiro que seria divertido eu descobrir?

MAIS DUAS FERRAMENTAS DE ACCESS CONSCIOUSNESS QUE VOCÊ PODE ADICIONAR PARA EXPONENCIALIZAR TUDO

A diferença que Access Consciousness criou em minha vida é exponencial.

Access Consciousness é um enorme kit de ferramentas para criar mudanças em sua vida, para finalmente mudar a maneira como você funciona, para que nada seja limitado e para que exista mais e mais espaço para escolher qualquer coisa que você deseja.

Não são apenas as questões, conceitos e ferramentas que Access Consciousness oferece que realmente permitem que você mude as coisas, é a eliminação *da energia subjacente* de todos os pontos de vista, conclusões e julgamentos que mantêm as coisas presas e imutáveis em nossas vidas. Se pudéssemos resolver tudo com nossa mente lógica, teríamos tudo o que desejamos, são os pontos de vista insanos que nos bloqueiam. O enunciado aclarador funciona para mudar tudo isso e muito mais.

Existem duas ferramentas para limpar e mudar essa energia subjacente que eu fortemente recomendo que você use em conjunto com o resto das ferramentas deste livro: o Enunciado Aclarador de Access Consciousness® e as Barras de Access®.

O Enunciado Aclarador é um processo verbal que você pode acrescentar às suas perguntas para limpar a energia onde você atualmente se sente limitado ou preso. As Barras de Access são um processo no corpo que permite dissipar o componente preso dos pensamentos, sentimentos e emoções que estão bloqueados em seu corpo, bem como dissipar seus pontos de vista e desbloquear sua vida.

Anos atrás, li muitos livros com os quais eu estava procurando mudar uma área da minha vida e, quando lia as histórias das pessoas, era mais irritante do que qualquer outra coisa, pois pensava, "Bem, isso é ótimo e como você faz isso? Como você muda isso?". Este livro é diferente. Você tem minhas histórias, você tem perguntas e ferramentas e também possui processos para executar acrescentando o Enunciado Aclarador. Isso mudou tudo para mim. Meu desejo é que você saiba que essas ferramentas existem e que pode mudar qualquer área da sua vida que *pensa* que não está funcionando para você. A escolha é totalmente sua.

O ENUNCIADO ACLARADOR DE ACCESS CONSCIOUSNESS®

O Enunciado Aclarador é uma das ferramentas fundamentais em Access Consciousness que eu poderia descrever como a "mágica" que acontece. É basicamente sobre a energia. Quando você faz uma pergunta e depois executa o Enunciado Aclarador, você está mudando, destruindo e descriando todos os lugares onde você criou um ponto de vista que o está impedindo de ter, ser ou escolher algo diferente.

O Enunciado Aclarador é basicamente desenhado para mudar todos os lugares onde você tem pensamentos, sentimentos, emoções, limitações, julgamentos e conclusões que não deveriam existir e, então, criar mais senso de brincadeira e alegria e, assim, ter algo diferente aparecendo, para criar mais consciência, para ter mais possibilidades disponíveis para você.

O enunciado aclarador completo é: *certo e errado, bom e mau, POD e POC, todas as 9, curtos, garotos e aléns®.*

É uma frase abreviada para todos os diferentes tipos de energia que você está limpando. A beleza do Enunciado Aclarador é que você não precisa entender ou mesmo ter que lembrar a afirmação inteira. Você pode apenas dizer "POD e POC" ou "Tudo Isso", ou mesmo "Aquela energia do estranho livro que eu acabei de ler". Porque se trata da energia, não das palavras, ainda funcionará.

Abaixo está uma explicação abreviada das palavras do Enunciado Aclarador. Se você quiser mais informações, visite www.theclearingstatement.com

CERTO E ERRADO, BOM E MAU

Esta parte do enunciado é uma abreviatura para "O que eu decidi ser certo, bom, perfeito e correto sobre isso? O que eu decidi ser errado, mau, cruel, terrível, ruim e horrível sobre isso?".

POD e POC

POD representa o Ponto de Destruição dos pensamentos, sentimentos e emoções que imediatamente precedem as decisões para bloquear esse julgamento, ponto de vista ou energia no lugar e todas as maneiras pelas quais você se destrói para manter isso existindo. POC representa Ponto de Criação dos pensamentos, sentimentos e emoções imediatamente anteriores à sua decisão de bloquear a energia no lugar.

"POD e POC" também é uma maneira abreviada de dizer o enunciado aclarador.

Saindo das Dívidas *Com Alegria*

Quando você "POD e POC" algo, é como puxar a carta inferior de um castelo de cartas. Tudo cai.

Todas as 9

"Todas as 9" representam as nove maneiras diferentes de criar esse item como uma limitação em sua vida. São as camadas de pensamentos, sentimentos, emoções e pontos de vista que criam a limitação como sólida e real.

Curtos

"Curtos" é a versão curta de uma série muito longa de perguntas que incluem: O que é significativo sobre isso? O que é insignificante sobre isso? Qual é o castigo por isso? Qual é a recompensa por isso?

Garotos

Temos esse ponto de vista de que, se continuarmos descascando as camadas da cebola, chegaremos ao núcleo da questão, mas com que frequência você descobre que nunca realmente chega lá? "Garotos" representam estruturas energéticas chamadas de esferas nucleadas que identificamos erroneamente como as cebolas que pensávamos ter de descascar. Esferas nucleadas são como as bolhas que saem do brinquedo de tubo de bolhas para crianças. Continuamos tentando estourar as bolhas pensando que estamos lidando com o problema, mas há a criança soprando ar no tubo criando as bolhas. Remova a criança e as bolhas param. Esta é a energia a que se refere o que é coletivamente chamado de "garotos".

Aléns

Esses são sentimentos ou sensações que você tem e que param o seu coração, param sua respiração ou param sua disposição de olhar as possibilidades. Aléns é o que ocorre quando você está em estado de choque - como quando você recebe uma conta de telefone inesperadamente alta. Geralmente são sentimentos e sensações, raramente emoções e nunca pensamentos.

169

COMO O ENUNCIADO ACLARADOR FUNCIONA

A primeira vez que ouvi o enunciado aclarador, estava em uma noite de introdução a Access Consciousness e, quando ouvi o facilitador da classe dizer o enunciado, pensei: "Que diabos esse cara está falando? Não tenho ideia do que é isso!".. O que notei foi que, na manhã seguinte, quando acordei, as coisas mudaram para mim.

Eu havia ordenado minha existência na vida: levantar às 6h30, estar na academia às 7h (e devo ir à academia ou, de outra forma, vou me julgar continuamente durante todo o dia), estar no escritório até as 9h, administrar meu negócio de segunda a sexta e ficar até tarde, fazer isso e aquilo. Tudo tinha que parecer de uma certa maneira. E foi assim que pensei que sempre seria.

Na manhã seguinte àquela aula, sentada na cama, percebi: "Ah, eu nem me levantei para ir à academia", senti essa sensação de espaço e ainda não sabia bem o que havia ocorrido.

O facilitador da noite anterior me ligou e disse: "Ei, estou ligando para saber como você está", e eu disse: "Que diabos você fez ontem à noite?". Ele perguntou: "O que você quer dizer?". Expliquei que me sentia como se minha vida inteira tivesse mudado. Tudo o que tinha decidido que tinha que fazer não era mais relevante. Era como se agora houvesse uma possibilidade diferente disponível, e eu não tinha ideia do que era isso. Mas a alegria disso era que *eu não sentia que tinha que resolver isso*. Havia, em meu mundo, uma sensação de brincar, o que eu não experimentava desde que era criança.

Uma coisa que eu sabia era: o que quer que esse facilitador tivesse falado naquela classe introdutória de Access tinha funcionado. E desejei mais. Imediatamente perguntei: "Então, o que você irá fazer em seguida? Quando é o próximo curso?". O facilitador me contou qual seria o próximo curso, mas era época de Natal e ninguém queria fazer curso nesta época do ano. Eu perguntei: "De quantas pessoas você precisa para fazer esse curso?". Ele disse: "Quatro". Eu disse: "Feito".

Três dias depois, eu tinha quatro pessoas para fazer o curso e o fizemos entre o Natal e o Ano Novo.

Essa era a demanda no meu mundo: ter mais do que quer que aquilo fosse, *naquele exato momento*. Estava procurando por tantos anos - através de meios espirituais, através das drogas, através de viagens ao redor do mundo, eu estava procurando algo mais. Em todos os aspectos, havia procurado pelo que quer que isso fosse. Percebi mais tarde que o que isso estava me mostrando era *eu*. Sempre procurei em outro lugar, fora de mim, a fonte das mudanças e o que eu estava começando a perceber era que eu era a fonte da mudança.

COMO USAR O ENUNCIADO ACLARADOR

Para usar o Enunciado Aclarador, primeiro você faz uma pergunta. Quando você faz uma pergunta, isso traz à tona uma energia. Pode até trazer à tona pensamentos, sentimentos ou emoções específicas, e pode não trazer. Você, então, pede para limpar essa energia que surge ao executar o Enunciado Aclarador. Por exemplo:

"Quais julgamentos eu tenho sobre criar dinheiro? Tudo o que isso é (isto é, toda a energia que traz à tona), eu destruo e descrio tudo isso agora. *Certo e errado, bom e mau, POD e POC, todas as 9, curtos, garotos e aléns*".

No curso, o facilitador faz a você uma pergunta e, depois, questiona: "Tudo o que isso traz à tona, você estaria disposto a destruir e descriar tudo isso?". Em seguida, executa o Enunciado Aclarador. A razão pela qual o fazemos dessa maneira é porque cabe a você escolher o quanto deixa ir e está disposto a mudar. O Enunciado Aclarador não limpará nada que esteja funcionando para você, ou que você não deseje mudar. Só irá eliminar o que você está disposto a soltar e deseje soltar.

No final deste capítulo, incluí uma lista de processos (perguntas com o Enunciado Aclarador) que você pode executar. A ideia é que você os execute repetidas vezes para continuar eliminando mais e mais energia, de modo a ganhar mais facilidade, espaço e escolha nessa área.

BARRAS DE ACCESS®

Barras de Access são 32 pontos na sua cabeça que, quando tocados suavemente, começam a dissipar os pensamentos, sentimentos e emoções que você tem sobre temas como cura, tristeza, alegria, sexualidade, corpo, envelhecimento, criatividade, controle, dinheiro, para citar alguns. Tenho certeza de que você não tem pontos de vista sobre nenhum desses tópicos, não é?

Sugiro fortemente que você tenha suas Barras corridas. Isso permite que seu corpo seja incluído na mudança que você está criando. E quanto mais você incluir seu corpo no processo de mudar sua vida, mais alegre e cheio de facilidade será.

A primeira vez que tive minhas Barras corridas, isso criou um espaço para mim no qual eu não parecia ter um ponto de vista forte sobre nada. Havia mais disponibilidade para escolher algo diferente. Quanto mais você corre as barras, maior será o espaço.

Outra maneira que você pode usar as Barras para ajudá-lo a mudar as coisas é, enquanto estiver recebendo a sessão de Barras no ponto do dinheiro, falar sobre o que vem à sua cabeça sobre dinheiro. E o que acontece é que isso começa a pressionar o botão de deletar o que você decidiu que o dinheiro é; todos os pontos de vista que você comprou sobre o dinheiro, todos os pontos de vista da sua família, amigos, cultura, local onde nasceu e assim por diante; e assim começa a criar sua própria realidade financeira.

Encontre um praticante ou participe de um curso. O curso de Barras de Access é um workshop de um dia em que você corre as Barras - recebendo duas sessões e dando duas sessões. Você vai sair sentindo-se completamente diferente.

Para mais informações, acesse www.bars.accessconsciousness.com

PROCESSOS DE DINHEIRO DE ACCESS CONSCIOUSNESS

A seguinte lista de processos de dinheiro é o que você pode executar para limpar a energia que o impede de ter possibilidades mais grandiosas. Quanto mais você executar esses processos, mais mudanças obterá. Eles também estão disponíveis em áudio (você pode baixar gratuitamente no site www.gettingoutofdebtjoyfully.com/bookGIFT), que você pode tocar no modo repetição em seu leitor de mp3 ou telefone. Você pode até tocar os processos em um volume quase inaudível enquanto dorme. Eles vão trabalhar de forma ainda mais dinâmica sem sua mente cognitiva no caminho. Divirta-se! Lembre-se: Saindo das Dívidas Com Alegria!

O que dinheiro significa para você? Tudo o que isso é, você vai destruir descriar isso? Certo e errado, bom e mau, POD e POC, todas as 9, curtos, garotos e aléns®.

O que você decidiu e concluiu que é certo sobre o dinheiro? Tudo o que isso é, você vai destruir e descriar isso? Certo e errado, bom e mau, POD e POC, todas as 9, curtos, garotos e aléns®.

O que você decidiu e concluiu que é errado sobre o dinheiro? Tudo o que isso é, você vai destruir e descriar isso? Certo e errado, bom e mau, POD e POC, todas as 9, curtos, garotos e aléns®.

Pegue a quantidade de dinheiro que você ganha atualmente e multiplique isso por 2, perceba a energia disso. Tudo o que não permite que isso apareça, você vai destruir e descriar isso? Certo e errado, bom e mau, POD e POC, todas as 9, curtos, garotos e aléns®.

Agora, pegue a quantidade de dinheiro que você está ganhando atualmente e multiplique por 5, perceba a energia disso. Tudo o que não permite que isso apareça, você vai destruir e descriar isso? Certo e errado, bom e mau, POD e POC, todas as 9, curtos, garotos e aléns®.

Agora, multiplique isso por 10. Tudo que isso é, você vai destruir e descriar isso? Certo e errado, bom e mau, POD e POC, todas as 9, curtos, garotos e aléns®.

Agora, multiplique por 50. Agora ganhe 50 vezes a quantidade de dinheiro que você ganha atualmente. Todos os julgamentos, projeções, separações, tudo o que você decidiu e concluiu que poderia ocorrer, você vai destruir e descriar isso? Certo e errado, bom e mau, POD e POC, todas as 9, curtos, garotos e aléns®.

Agora, multiplique por 100 vezes. Tudo o que isso é, você vai destruir e descriar isso? Certo e errado, bom e mau, POD e POC, todas as 9, curtos, garotos e aléns®.

Que energia devo ser ou fazer hoje para gerar mais dinheiro agora mesmo? Tudo o que isso é, vezes um deusilhão (esse é um número tão grande que só Deus sabe!), você vai destruir e descriar isso? Certo e errado, bom e mau, POD e POC, todas as 9, curtos, garotos e aléns®.

Onde você se está limitando e o que pode criar porque você fez isso se tratar do dinheiro e não da diversão disso? Tudo o que isso é, vezes um deusilhão, você vai destruir e descriar isso? Certo e errado, bom e mau, POD e POC, todas as 9, curtos, garotos e aléns®.

Que energia generativa, espaço e consciência eu e meu corpo podemos ser que permitiria que todos os dias sejam uma celebração de viver? Tudo que isso é, vezes um deusilhão, você vai destruir e descriar isso?

Certo e errado, bom e mau, POD e POC, todas as 9, curtos, garotos e aléns®.

O que você está provando com dinheiro? O que você está provando sem dinheiro? Tudo o que isso é, vezes um deusilhão, você vai destruir e descriar isso? Certo e errado, bom e mau, POD e POC, todas as 9, curtos, garotos e aléns®.

Que criação de dinheiro você está usando para validar as realidades de outras pessoas e invalidar a sua você está escolhendo? Tudo o que isso é, vezes um deusilhão, você vai destruir e descriar isso? Certo e errado, bom e mau, POD e POC, todas as 9, curtos, garotos e aléns®.

O que você decidiu sobre o dinheiro que, se você não decidisse, criaria uma realidade e fluxo de caixa totalmente diferentes? Tudo o que isso é, vezes um deusilhão, você vai destruir e descriar isso? Certo e errado, bom e mau, POD e POC, todas as 9, curtos, garotos e aléns®.

O que você ama sobre odiar dinheiro? O que você odeia sobre amar dinheiro? Tudo o que isso é, vezes um deusilhão, você vai destruir e descriar isso? Certo e errado, bom e mau, POD e POC, todas as 9, curtos, garotos e aléns®.

O que você tem contra ser rico e próspero? Tudo o que isso é, vezes um deusilhão, você vai destruir e descriar isso? Certo e errado, bom e mau, POD e POC, todas as 9, curtos, garotos e aléns®.

O que você decidiu que o dinheiro é, que não é, que o impede de ganhar muito dinheiro? Tudo o que isso é, vezes um deusilhão, você vai destruir e descriar isso? Certo e errado, bom e mau, POD e POC, todas as 9, curtos, garotos e aléns®.

Que segredos você tem com dinheiro? Quais são seus segredos obscuros e profundos? Tudo o que isso é, vezes um deusilhão, você vai destruir e descriar isso? Certo e errado, bom e mau, POD e POC, todas as 9, curtos, garotos e aléns®.

Você está disposto a trabalhar duro o suficiente para ser um bilionário? Tudo o que isso é, vezes um deusilhão, você vai destruir e descriar isso? Certo e errado, bom e mau, POD e POC, todas as 9, curtos, garotos e aléns®.

Que julgamento você tem de dinheiro, lucro, negócios e sucesso? Tudo o que isso é, vezes um deusilhão, você vai destruir e descriar isso? Certo e errado, bom e mau, POD e POC, todas as 9, curtos, garotos e aléns®.

Todos os lugares em que você decidiu que um monte de dinheiro é inconcebível, você vai destruir e descriar isso? Tudo o que isso é, vezes um deusilhão, você vai destruir e descriar tudo isso? Certo e errado, bom e mau, POD e POC, todas as 9, curtos, garotos e aléns®.

Que energia, espaço e consciência você e seu corpo podem ser que permitiria que você tivesse muito dinheiro e nunca o suficiente? Tudo o que isso é, vezes um deusilhão, você vai destruir e descriar isso? Certo e errado, bom e mau, POD e POC, todas as 9, curtos, garotos e aléns®.

Quantos de vocês criam baseados em nenhum dinheiro? Você faz do dinheiro a fonte da criação, ao invés de VOCÊ como a fonte da criação? Tudo o que isso é, vezes um deusilhão, você vai destruir e descriar isso? Certo e errado, bom e mau, POD e POC, todas as 9, curtos, garotos e aléns®.

O que você sabe sobre investimento que vem se recusando a reconhecer que, se você reconhecesse, criaria mais dinheiro do que você já sonhou? Tudo o que isso é, vezes um deusilhão, você vai destruir e descriar isso? Certo e errado, bom e mau, POD e POC, todas as 9, curtos, garotos e aléns®.

Quantos fluxos de receita diferentes você pode criar? Com quais outros fluxos de receita você poderia brincar? Onde você não permitiu que os fluxos de receita aleatória aparecessem que poderiam criar mais dinheiro do que você pensou ser possível? Tudo o que isso é, vezes um deusilhão, você vai destruir e descriar isso? Certo e errado, bom e mau, POD e POC, todas as 9, curtos, garotos e aléns®.

O que você tem que não está disposto a usar para aumentar o dinheiro, os fluxos monetários e os fluxos de receita? Tudo o que isso é, vezes um deusilhão, você vai destruir e descriar tudo isso? Certo e errado, bom e mau, POD e POC, todas as 9, curtos, garotos e aléns®.

Onde você está desistindo a fim de criar a falta de dinheiro que está escolhendo? Tudo o que isso é, você vai destruir e descriar tudo isso? Certo e errado, bom e mau, POD e POC, todas as 9, curtos, garotos e aléns®.

O que você fez tão vital sobre nunca, nunca, nunca, nunca, nunca ter dinheiro que mantém a consistência de nenhuma mudança, nenhuma criação, nenhuma diversão, nenhuma felicidade? Tudo o que isso é, vezes um deusilhão, você vai destruir e descriar tudo isso? Certo e errado, bom e mau, POD e POC, todas as 9, curtos, garotos e aléns®.

Que entusiasmo você está recusando que realmente poderia estar escolhendo e que, se escolhesse, criaria mais dinheiro do que jamais pensou ser possível? Tudo o que isso é, você vai destruir e descriar isso? Certo e errado, bom e mau, POD e POC, todas as 9, curtos, garotos e aléns®.

Quem ou o que você está se recusando a perder que, se perdesse, lhe permitiria ter muito dinheiro? Tudo o que isso é, você vai destruir e descriar isso? Certo e errado, bom e mau, POD e POC, todas as 9, curtos, garotos e aléns®.

O que você está se recusando a ser, que poderia ser e que, se você fosse, mudaria a sua realidade financeira inteira? Tudo o que isso é, você vai destruir e descriar isso? Certo e errado, bom e mau, POD e POC, todas as 9, curtos, garotos e aléns®.

Qual nível de entusiasmo e alegria de viver você está recusando que, se não recusasse, mudaria a sua realidade financeira inteira? Tudo o que isso é, você vai destruir e descriar isso? Certo e errado, bom e mau, POD e POC, todas as 9, curtos, garotos e aléns®.

O que você não está disposto a receber que, se você o recebesse, criaria os fluxos de dinheiro e os fluxos monetários que você sabe que merece? Tudo o que não permite que isso apareça, você vai destruir e descriar tudo isso? Certo e errado, bom e mau, POD e POC, todas as 9, curtos, garotos e aléns®.

Quanta dúvida você está usando para criar a falta de dinheiro que está escolhendo? Tudo o que isso é, você vai destruir e descriar? Certo e errado, bom e mau, POD e POC todas as 9, curtos, garotos e aléns®.

O que você criou com sua vida que não está disposto a reconhecer e que, se reconhecesse isso, poderia criar muito mais? Tudo o que isso é, você vai destruir e descriar isso? Certo e errado, bom e mau, POD e POC, todas as 9, curtos, garotos e aléns®.

O que você agora é capaz de criar que não estava disposto a perceber, saber, ser e receber que, se você escolhesse, atualizaria como menos trabalho, mais dinheiro e grandiosa mudança no mundo? Tudo o que isso é, você vai destruir e descriar isso? Certo e errado, bom e mau, POD e POC, todas as 9, curtos, garotos e aléns®.

Parte Quatro

HISTÓRIAS DE MUDANÇA

HISTÓRIAS DE MUDANÇA

Muitas vezes, quando lemos sobre como uma pessoa mudou sua realidade financeira, é fácil pensar: "Ah, foi diferente para ela, de alguma maneira foi mais fácil para ela, provavelmente não vai funcionar para mim".

Na verdade, não importa de onde você é, quantos anos tem, se você é jovem, se possui pouco dinheiro, muito dinheiro ou não tem dinheiro - sua situação financeira não precisa ser a mesma que você tinha no passado, não tem que ser como ela é hoje; ela pode mudar e se expandir.

Conheço várias pessoas, maravilhosas e incríveis, que sei que nem sempre tiveram a situação financeira atual, e estava ansiosa para entrevistá-las, especificamente para compartilhar isso com você neste livro.

Todas essas pessoas cresceram ou passaram por situações em que batalharam com o dinheiro e tinham pontos de vista limitados sobre o dinheiro - e elas mudaram isso. Espero que suas histórias o inspirem e contribuam para você saber que mudar a dívida e os pontos de vista sobre dinheiro não tem de ser significativo, é apenas algo em sua vida que você pode mudar.

Nota: As seguintes entrevistas são transcrições editadas. As entrevistas completas foram transmitidas no programa de rádio The Joy of Business. Você pode encontrar e ouvir os episódios gravados do programa em nossos arquivos em: http://accessjoyofbusiness.com/radio-show/

ENTREVISTA COM CHRISTOPHER HUGHES

Transcrita do programa de rádio on-line Joy of Business, "Saindo das Dívidas Com Alegria, com Christopher Hughes", transmitido em 27 de julho de 2016.

Como era sua vida quando tinha dívidas? Como você procedia quando não tinha dinheiro? Quais eram seus principais pontos de vista?

Na época, o lugar a partir do qual funcionava e meus principais pontos de vista sobre dinheiro eram de que tudo era muito difícil; que eu não tinha as oportunidades que outras pessoas tinham ou que simplesmente não havia o suficiente para dar certo.

Pensava que não tinha dinheiro suficiente e que não havia pessoas suficientes que pudessem me ajudar com o que eu queria fazer, ou que não estavam muito interessadas nos produtos e serviços que eu estava oferecendo ou, você sabe, x, y e z razões.

Isso estava intimamente ligado a todos os lugares em que você não estava disposto a ver o seu valor ou o valor do dinheiro?

Bem, sim e não. Era o meu valor, mas também transformei minha situação no motivo pelo qual eu não possuía o dinheiro de que precisava. E, às vezes, era irreal como eu tinha tão pouco. Não apenas pela dívida, mas era como: "Puxa, a gasolina está quase acabando e tenho 50 centavos. Hummm... Vou reduzir a velocidade para gastar menos combustível" – caso eu tivesse certeza de que conseguiria chegar em casa.

Era tipo: "O que posso fazer com uma lata de atum para que fique interessante hoje à noite?". – se eu pudesse comprar atum! O que fazia era projetar os motivos na minha situação. É tão estranho, porque na minha vida nunca tinha feito isso antes. Provavelmente, eu tinha mais a tendência de me fazer de errado por algo, mas em relação ao dinheiro, por alguma razão, sempre dizia que se tratava do contexto em que me encontrava; a situação em que estava, as circunstâncias ao meu redor. Era através dessa lente particular que eu enxergava naquele momento.

Então, não era culpa sua? Os outros é que eram culpados por você não ter dinheiro, esse tipo de coisa? Ou apenas como você foi criado?

Com certeza. Eu ficava muito chateado, muito frustrado e irritado por não ter dinheiro e falava: "Espera um pouco. Por que *estou* escolhendo isso? Por que estou usando isso como desculpa para esse cenário e situação?". Com os cursos de Access Consciousness e passando a ter um olhar bem mais demorado sobre a situação, percebi: "Ah, era desse jeito que minha mãe vivia, que foi quem me criou". Ela tinha todos os motivos do mundo para usar essa desculpa também. Casou-se quando tinha 16 anos porque estava grávida e, aos 25 anos de idade, tinha 3 filhos. O mais velho tinha 9 anos. Ela só tinha estudado até o ensino fundamental, nada além disso. Meu pai era um homem bem violento. Lembro que ela me pegou no último dia do jardim de infância e fomos de carro para outra cidade para nos escondermos dele por ser tão violento. Ela trabalhava nas lojas de conveniência Seven Eleven de dia e fazia o ensino médio à noite, para que pudesse ir crescendo aos poucos. Mas tinha muitos pontos de vista. Fui criado nesse contexto e situação de que, para ter algo na vida, devia batalhar muito, era árduo. Isso era o que era passado para você, não que você criava isso.

Existe algo que você lembra claramente em que criou a energia de evitar, ou ignorar ou de que iria sempre perpetuar as dívidas?

Minha virada em particular sobre isso, ou a minha marca, era que eu estava sempre viajando; era um viajante. Nasci no Canadá, em uma cidade pequena, mas parti assim que pude, porque era o que se fazia, a menos que estivesse grávida, como minha mãe. Então, eu estava sempre viajando e constantemente me reinventando e me mudando para outro lado do país por 4 anos e, em seguida, mudando-me para a Ásia por vários anos e mudando de cá para lá. E nunca tive que me estabelecer em nenhum lugar ou me comprometer a construir uma vida onde quer que eu estivesse.

Então, claro, havia vários desses envelopes chegando, que diziam: "Nós vamos cortar esse serviço", ou "Você não fez isso" e isso nunca me atingiu como se fosse impactar minha vida, porque eu não tinha realmente me empenhado em estar ali mesmo; eu simplesmente dizia:

"Ah, tudo bem". Tive um carro duvidoso após outro; era isso pelo que podia pagar e eles eram as piores latas velhas que você já viu na vida.

Lembro-me de um que quebrou e eu simplesmente disse: "Ah...", e peguei o troco que estava lá no porta-copos e coloquei no bolso, deixei o carro no acostamento da estrada e fui embora. Porque assim é que eram as coisas. Eu não tinha nenhuma vontade de me comprometer em ter uma vida em que cuidasse de mim mesmo e dessas coisas, cobrisse todas essas despesas e me honrasse, não só pagando as despesas, mas tendo mais para mim.

Na verdade, era muito engraçado; eu tenho que contar o resto da história de como saí daquela lata velha. Não foi apenas o troco no console do carro que levei comigo. Peguei o troco, mas na época, estava morando na Sunshine Coast, em Queensland, que fica mais ou menos a 2 horas de Brisbane, onde o carro quebrou. Estava em Brisbane e tinha comprado um presente de Natal para Brendon, o parceiro de Simone, e levei o presente e o troco - era um conjunto de panelas e frigideiras, porque ele estava começando a cozinhar. Peguei o troco e usei-o para conseguir um trem para voltar de Brisbane para Sunshine Coast; lembro que eu não tinha nada e cheguei a Sunshine Coast. A estação de trem estava a 35-45 minutos de onde estava morando e falei: "Na verdade, não sei como chegar em casa". Eu não tinha dinheiro.

Então, como você chegou em sua casa?

Eu tinha tão pouco dinheiro que tive de ligar para todos que conhecia para encontrar alguém que me desse uma carona para esses 30 minutos de distância até minha casa.

Recentemente você deu sua primeira volta em um carro Tesla. Quando saiu do carro você disse: "Ok, acho que quero um carro novo. Acho que é hora de um upgrade".

Atualmente um Tesla custa $ 220.000. Quando você olha para algo assim na sua vida, onde esse tipo de coisa estava no seu universo anos atrás? Qual era o seu ponto de vista? E qual é o seu ponto de vista agora?

Anos atrás e, na verdade, nem tantos anos atrás, teria sido assim: "Ah, meu Deus. Nem pensar". Mas seria o mesmo se fosse um carro de $ 50.000. Então, um carro de $ 220.000 seria "simplesmente ridículo e absurdo e por que você iria se incomodar? Nem olhe um carro assim, nem sequer ande perto dele". Agora não, eu penso assim: "Certo, para criar isso para mim, haverá algumas negociações, vamos trabalhar nisso e preciso ver o que posso conseguir em termos de finanças, mas provavelmente posso lidar com isso".

Recentemente, fui a uma loja e comprei três camisas lindas, e elas custavam mais ou menos $ 500 cada, o que novamente, se eu tivesse com dívidas, teria dito: "Espera, o que você está fazendo?". Mas comprei todas que eram do meu tamanho. Teria comprado mais se houvesse mais. Meu ponto de vista e paradigma estão bem diferentes. É tipo: "Sim. Por que não?". Essa foi uma das principais coisas que notei ao não estar endividado: existe uma área enorme na minha vida em que não funciono mais a partir de uma limitação.

Quais os pontos, em sua vida, que você mudou para criar isso? Que demanda você teve de fazer? Que ferramentas usou para mudar isso, de modo a não ter mais que funcionar a partir da limitação?

Foram algumas coisas. Quer dizer, existe essa ferramenta de Access Consciousness que Gary Douglas me apresentou, a conta dos 10%. A cada dólar que entrar em sua vida, você pega 10% e deixa de lado para honrar você mesmo; você nunca gasta, não usa isso para as contas, não usa para nada. Mas para mim isso era complicado. Não conseguia racionalizar que, se aquele envelope vermelho chegasse dizendo: "Nós vamos cortar sua eletricidade", eu não poderia usar meus 10% para isso. Então, fiz o seguinte: comecei a me enganar que tinha dinheiro e minha maneira de fazer isso foi comprando prata.

A prata é um produto negociável na bolsa de valores. Eles têm um preço à vista diário para o mercado da prata. É moeda corrente. Então, com meus 10%, comprei essas coisas que valem dinheiro mas não podem ser usadas para pagar uma conta. Quer dizer, você pode trocar por dinheiro, mas existe este inconveniente: pode perder ou ganhar dinheiro na negociação. E esse pequeno espaço de tempo decorrente da demora para liquidar o item para pagar a conta sempre me deu tempo suficiente para pensar: "Não, espere. Eu realmente gostaria de ter isso na minha vida". E era legal para mim também, porque, às vezes, com meus 10%, eu podia comprar uma colher por $ 40 e, às vezes, comprava um quilo de prata, que custa hoje algo em torno de $ 900. E, depois de um tempo, esses pequenos incrementos e maiores incrementos realmente começaram a se somar. Lembro de me candidatar à hipoteca, há um ou dois anos, e não tinha ideia se seria qualificado ou não, se o banco realmente gostaria de me emprestar algum dinheiro. E fomos pela casa, juntando toda a prata e ouro e esse tipo de coisas, e tínhamos cerca de $ 150.000 apenas em prata.

Com base nisso, o banco disse: "Sim, vamos emprestar dinheiro. Você é rico em recursos". E eu pensei: "Nossa, que novidade". Então essa conta dos 10% foi provavelmente a coisa mais importante para mim, enganar a mim mesmo sobre ter dinheiro, porque na minha vida sempre fui ótimo em criá-lo e não tão bom em tê-lo.

Você começou sua conta de 10% imediatamente ou qual era seu ponto de vista sobre essa ferramenta a princípio?

Para ser totalmente honesto, não comecei de imediato. Eu vinha participando de cursos de Access Consciousness, provavelmente por cerca de 10 anos, e tinha fortes pontos de vista sobre a coisa dos 10%, porque eu pensava: "Tanto faz". Porque uma conta chegava e eu dizia: "Ter esse dinheiro no banco não vai criar mais de modo algum, se tenho uma conta enorme que não sei como pagar".

Gary Douglas sempre dizia: "Peça e receberá. Peça para o dinheiro aparecer. Não gaste seus 10%. Isso é uma maneira de honrar você. Peça para o dinheiro aparecer". E eu me colocava sempre atrás da conta, fazendo dela a coisa mais importante e pagando isso primeiro. Quando comecei a comprar esses "instrumentos financeiros" – a prata, as antiguidades etc. –, como eu os chamo, que não têm liquidez imediata, era mais difícil [gastar]; e, aos poucos, fui tendo essa energia de abundância entrando sorrateiramente na vida. E agora, olho para minha casa e penso: "Hummm. Tudo é supervalioso".

Um dia desses, meu marido e eu estávamos olhando um leilão de uma coleção de coisas de uma senhora: pinturas, prata, joias e móveis que ela havia colecionado em sua vida, e ela estava leiloando. E nós olhamos nossas coisas e dissemos: "Estamos com 30 e poucos anos e temos coisas melhores!".. Mais coisas valiosas. Não foi a partir do julgamento, mas nos fez pensar: "Uau! Estamos realmente juntando riqueza rápido!".. E não se trata de poupar e não é sobre o dinheiro; trata-se da alegria que nos traz. E realmente começou com essa conta dos 10%.

Para cada dólar que você ganha e chega em sua vida, tire 10% e deixe de lado em honra a você mesmo. Se quer comprar ouro e prata e coisas com as quais você sabe que não perderá dinheiro, ótimo. Vá em frente. Ou, se você é um pouco mais disciplinado do que eu, basta ter esse dinheiro em uma conta e deixá-lo de lado, ou na gaveta das meias ou onde quer que seja melhor para você. Onde você tiver esse dinheiro, você *tem* dinheiro. Essa foi a parte mais difícil para mim.

Quando você conta essas histórias de como passou de não ter dinheiro a ter dinheiro - de deixar o carro no acostamento da estrada com um trocado no bolso para $ 150.000 em prata em sua casa... não faz muito tempo que você teve esses dias de "extrema pobreza".

Se você fez as contas, provavelmente faz 4 anos. Então, em 4 anos após estar procurando minha casa, não só eu tenho uma casa - sim é financiada, mas temos uma casa -, como também dois carros e montes de antiguidades valiosas e uma caixa de pedras preciosas ao redor da casa e uma pilha de prata e um monte de ouro e isso, é um mundo diferente.

O que fez você querer sair das dívidas?

Ocorreu-me, em algum momento, que, com a dívida e não me permitindo ter dinheiro, eu limitava severamente o que poderia criar no mundo. A mudança que era possível para que eu inspirasse os outros não era ter um bom carro e uma casa sofisticada e um estilo de vida, era mais sobre perceber que você realmente pode influenciar o mundo e mudá-lo se tem recursos para fazê-lo.

Houve alguém que o inspirou a criar essa mudança?

Você, Simone, foi uma enorme inspiração para eu criar essa mudança. Você é minha amiga há 10 anos. A generosidade que vi você ter com as pessoas, que não vem de "fazer com que elas sejam como eu" ou de um lugar de superioridade do tipo: "eu sou melhor do que você, vou cuidar de você", mas a partir de um tipo de energia do "reino de nós", que se trata de todos terem e realmente contribuírem para todos e para o que eles estão tentando construir. Não quero usar a palavra "apoio", mas o que vejo você fazer é que, para você, o dinheiro nunca foi a motivação barata; claro, é divertido, mas é o que você pode fazer com ele que é realmente inspirador.

Também tenho um bom relacionamento com Gary Douglas e essas são pessoas que não agem com o dinheiro da maneira que lhe dizem como se deve agir; sabe, nos filmes, na mídia, na forma como essa realidade diz que você supostamente deve ser com o dinheiro. Eu vi uma possibilidade diferente com o dinheiro que me fez falar, "Opa! É isso que eu quero". Não se trata de ter grandes anéis nos meus dedos, é sobre o que posso criar.

Agora que você realmente tem dinheiro, qual é seu ponto de vista sobre o dinheiro?

Algumas coisas vêm à mente imediatamente. Agora o dinheiro é simplesmente divertido. O dinheiro é como - uau, quando digo essas coisas, posso perceber as pessoas que estão ouvindo: "Eergh, é tão fácil para você!"..

Lembro que uma vez eu frequentava aulas de ioga, e nunca fui uma pessoa naturalmente flexível fisicamente. E lembro de ter falado para minha professora de yoga: "Eu não consigo fazer esse movimento. Não consigo me curvar assim". E ela me dizia: "Isso é tensão. Você deve deixá-la ir embora". E eu queria dar um soco na cara dela ou estrangulá-la com a lycra que ela estava usando; desculpe pela imagem mental. Mas o que o dinheiro é agora... percebi que é apenas um ponto de vista que cria o ter ou não ter, ou é como se você quisesse um relacionamento e você não o tivesse. Assim que você tiver, você percebe: "Oh, espere. Isso não é a impossibilidade, a fantasia e o sonho que eu achava que fossem".

Uma vez que você tenha dinheiro, não é que nunca mais vai enfrentar complicações ou nunca mais terá problemas em sua vida. Mas, de qualquer forma, sua vida se torna maior, se você estiver disposto a que cresça; as opções, as possibilidades, as portas que podem ser abertas para você, se estiver disposto, podem crescer, se essa for sua escolha. Agora, percebo que o dinheiro nunca foi a resposta. Há tantas pessoas sem dinheiro ou com dívidas dizendo: "Se eu tivesse dinheiro e um companheiro e, e, e..".. Você montou esta lista de coisas que gostaria de ter como se elas fossem a resposta e fossem criar sua vida por completo. Mas isso não é tudo. O dinheiro é apenas um combustível, uma ferramenta que o leva para onde você está indo. É isso que contemplo agora e, quanto menos tenho um ponto de vista sobre isso e mais faço a criação dele se tratar de diversão, mais fácil fica.

Então, o que mais você diria que mudou sobre seu ponto de vista a respeito do dinheiro agora? Qual é essa energia que as pessoas podem mudar ou qual ferramenta as pessoas podem usar para ajudá-las a mudar seu ponto de vista sobre o dinheiro?

Provavelmente, o melhor conselho que daria ou a ferramenta que eu poderia dar é que, na verdade, o problema nunca é dinheiro; nunca é o próprio dinheiro que está criando o problema, que está criando a falta ou qualquer que seja o drama que você está tendo em sua vida. Há muita coisa lá fora. É como vemos em um dos seus filmes favoritos, e meu também, que é *A Mulher do Século*, com Rosalind Russel, quando ela diz: "O universo é um banquete, mas a maioria dos pobres idiotas está morrendo de fome".

Está lá. Não há realmente uma quantidade finita de dinheiro lá fora, no universo. Eu negocio antiguidades e é um ramo onde a maioria das pessoas está operando com escassez. Eles têm um ponto de vista de que esta atividade está acabando; as pessoas não desejam mais o que temos.

Trabalho com móveis antigos e joias, prata, pinturas, arte chinesa, arte africana, é só escolher. E quando a oportunidade chegou na minha porta pela primeira vez, falei: "Ah, meu Deus. Não consigo pensar em nada mais chato!".. E, caramba, foi tudo, menos chato. Nesse ramo, lido com tantos antiquários, em toda a Austrália em particular. E muitos deles estão trabalhando com essa ideia incrível de escassez; que não há dinheiro suficiente, que as pessoas não estão interessadas, está ficando muito difícil, as casas de leilões estão diminuindo a importância dos varejistas e tornando muito difícil para eles conseguirem os preços que querem. Realmente, tudo é um ponto de vista.

Se você quer uma ferramenta para mudar sua situação: o seu ponto de vista cria sua realidade. Pergunte a si mesmo e dê uma boa olhada, "Qual é o meu ponto de vista sobre o dinheiro?". Qual é o seu ponto de vista sobre *você* em relação ao dinheiro? Dê uma olhada em algumas dessas coisas, comece a se perguntar e a perceber isso. Há um livro fabuloso de Access Consciousness, chamado *How To Become Money*. Eu acho que custa $ 30, a menos que tenha mudado; é um livro fabuloso com o qual você pode se fazer essas perguntas e pode dar um giro completo de 180 graus, mudar toda sua situação financeira apenas com o investimento nesse livro. E por que não? Quero dizer, tudo o que ele pode fazer é ajudar.

Se você quer fazer ou ter algo para o qual não tem dinheiro suficiente, o que você faz? Que ferramentas você usa para criar, ou como você aborda essa situação?

Aha! Boa pergunta. Gosto dessa pergunta porque, não importa quanto dinheiro tenha ou não tenha, você ainda pode estar sempre perguntando e procurando mais. Portanto, não é necessariamente apenas estar em dívida ou não ter o suficiente. Como, agora mesmo, comprar aquele carro Tesla por $ 220.000 de que falamos anteriormente, por exemplo, exigiria que eu fizesse algum malabarismo, algumas reorganizações ou alguma criação da minha parte para fazer isso realmente acontecer. Então, em termos de ferramentas que eu usaria para fazer isso, um dos melhores conselhos sobre dinheiro e finanças que já recebi é realmente ter clareza sobre quanto custa para levar sua vida. Sente-se com uma caneta e papel e anote quais são seus gastos, quais são suas despesas. Então você tem seu aluguel, sua conta de telefone, tem "eu gosto de sair para tomar uma bebida", não apenas os gastos básicos, mas no que você realmente gasta em sua vida.

Fiz isso uma vez em um negócio, quando cheguei lá pela primeira vez e pedi à contadora que me trouxesse uma cópia do balanço dos lucros e perdas. Sentei-me com ela, estudei tudo aquilo e descobri exatamente para onde estava indo todo o dinheiro da organização. E isso me trouxe uma percepção tão incrível sobre a situação financeira da empresa. Então, você tem uma noção bem clara sobre sua situação financeira? Dou muitos cursos sobre vendas e marketing e estive aqui em Copenhague com você, Simone, dando um curso, e foi um ótimo presente para mim, mas o conselho que dei no curso também para as pessoas, era para que tivessem clareza sobre seus negócios e suas vidas, sobre sua situação financeira.

Há um velho ditado em marketing que diz: "50% do meu orçamento de publicidade é desperdiçado. Apenas não tenho certeza de qual é o orçamento". E com as finanças pessoais é a mesma coisa. É surpreendente a quantidade de pessoas que não têm ideia de quanto dinheiro elas realmente ganham por mês e quanto estão gastando realmente. Então, se eu quisesse criar o dinheiro para chegar lá, elucidaria minha situação para saber onde estou e o que precisaria criar para chegar lá. Não se trata de dar os passos a, b, c, d de modo linear, mas saber: "Onde estou agora e qual é o meu alvo?". Para mim, ter um alvo é bastante útil. Posso dizer que tenho alguns alvos específicos - como abrir um segundo ponto é uma das coisas que estou de olho no meu negócio-, assim, descubro quanto isso irá custar e peço que apareça. Depois sigo a energia que vai permitir que isso aconteça. Novamente, não se trata de passos lineares de como vou fazer e quanto preciso para fazer e meter pressão na minha loja para que todos atinjam a meta de vendas. É mais assim: "Ok, agora tenho a consciência... o que se requer para criar isso?".

Christopher, você pode me contar um pouco mais sobre onde as pessoas podem encontrá-lo e o que você está fazendo? Porque eu sei que você dá um curso incrível que se chama The Elegance of Living (A Elegância de Viver).

Facilito um grupo de cursos chamado *A Elegância de Viver*, que ensina sobre os diferentes aspectos da riqueza e do viver, que eu gosto de chamar de as armadilhas do dinheiro; embora "armadilhas" pareça uma palavra carregada, acho que ainda assim é um pouco divertido. Além disso, o curso ensina mais sobre antiguidades e arte e como isso pode somar à sua vida e sua abundância. Meu parceiro e eu começamos isso porque pegamos os trocados de nosso pote de moedas em casa; tínhamos $ 500 e fomos a leilões, compramos um monte de coisas e começamos a vender; rapidamente os trocados desse pote se transformaram de $ 500 em $ 3000 e de $ 3000 em $ 9000; tudo isso apenas com uma pequena microeconomia que começamos e que agora transformamos em algo enorme. Então, ensino isso em *The Elegance of Living* e também ensino vendas e marketing, ou melhor, facilito, em vez de ensinar. Tenho um site www.theeleganceofliving.com e www.theantiqueguild.com.au se você quiser me contatar e fazer perguntas.

Então, há alguma outra ferramenta ou pergunta ou algo assim que você gostaria de oferecer às pessoas, que elas poderiam usar e começar a mudar sua realidade financeira hoje?

Para muitas pessoas, acho que a questão é: se você é assim como eu, há algo sobre dinheiro ou a cerca de saber algo sobre o dinheiro que está evitando. Para mim, era isso. E se isso ressoa em você, eu começaria a perguntar: "O que estou evitando sobre o dinheiro?". O que estou evitando saber sobre o dinheiro?". Porque, nos lugares em que eu enterrava a cabeça na areia e fazia uma ótima imitação de avestruz, era ali que estava limitando minha vida por causa do dinheiro. Essa é uma pergunta que começaria a me fazer: "O que estou evitando sobre isso?". Antes, quando tinha dívidas, eu ouvia você, Simone, e outras pessoas que diziam o mesmo e ficava tão irritado. Você dizia: "É muito mais difícil não fazer dinheiro do que fazer dinheiro". E me ocorreu que se estou dificultando as coisas, obviamente estou evitando exatamente o que me está sendo dado de bandeja! Então, sobre ter e ganhar dinheiro, o que você está evitando? Pergunte a si mesmo. Não é sobre você estar certo ou errado. Apenas pergunte a si mesmo. Onde você está agora não está errado.

ENTREVISTA COM CHUTISA BOWMAN AND STEVE BOWMAN

Transcrita do programa de rádio on-line Joy of Business, "Saindo das Dívidas Com Alegria, com Chutisa e Steve Bowman", transmitido em 22 de agosto de 2016.

Steve, adoraria que você me falasse um pouco sobre como era sua relação com o dinheiro enquanto você crescia. Como era isso para você? Você teve alguma educação sobre dinheiro? Ensinaram-lhe algo sobre dinheiro? Isso era algo que escondiam? Ignorava-se? Ou era algo às claras, sobre o qual podia conversar?

Steve: Sabe, é a primeira vez que alguém me faz essa pergunta. É a primeira vez que vou responder. Enquanto eu estava crescendo, minha mãe era mãe solteira e tinha três filhos e nós tivemos um pai bastante abusivo que nos perseguiu por uns 15 ou 20 anos. O dinheiro nunca, nunca aparecia. Mas nunca surgiu de forma positiva ou negativa. Nunca surgiu como julgamento nem possibilidade. Simplesmente nunca surgiu. Assim, eu suponho, pensando nisso agora, que cresci sem saber qual era o ponto de vista de outra pessoa sobre o dinheiro.

Então, quando começamos a olhar para as coisas... Sempre soube, desde bem jovem, mesmo antes de conhecer Chutisa - e nos conhecemos quando tínhamos 16 anos... Primeiro, namorado e namorada, depois nos casamos e estamos casados há mais de 40 anos agora... Então, o que acontecia era que sempre tivemos um ponto de vista diferente sobre o dinheiro. Não sabíamos os pontos de vista das outras pessoas sobre o dinheiro porque não crescemos, ou *eu* não cresci com nenhum desses pontos de vista sobre dinheiro. Por isso, a coisa interessante para mim, quando olho para o dinheiro agora, é que estou disposto a mudar meu ponto de vista sobre isso porque nunca cresci com nenhum ponto de vista.

Se não tinha nenhum ponto de vista sobre dinheiro, seja positivo ou negativo, as coisas eram acessíveis ou eram colocadas assim: "Você vai ganhar isso apenas no Natal e nos aniversários", ou tinha um fluxo de caixa disponível?

Steve: O interessante é que, quando olho para a minha família, minha irmã, por exemplo, assumia um ponto de vista de que o dinheiro era sempre o problema de outra pessoa, e não dela. Crescemos na mesma família, mas você sempre ouve ou enxerga coisas diferentes. Então, o que eu diria que aprendi ao longo dos anos é que o seu próprio ponto de vista é o que importa. E não o de mais ninguém. Você pode culpar seus pais, pode culpar a sociedade, mas isso é apenas uma desculpa para não mudar seu ponto de vista sobre o dinheiro. Então, uma das coisas que descobrimos, por exemplo, é que cresci sem dinheiro. E, quando conheci Chutisa, as coisas começaram a mudar porque começamos a criar nossa vida juntos. E, por exemplo, fomos para os Estados Unidos e ficamos lá. Vivemos lá por dois anos, vivendo com $ 2 por dia. Como eles chamam essas refeições prontas em embalagens congeladas? *Movies Dinner* (Jantar durante o filme)? *TV Dinner* (Refeição durante a TV)! Dois dólares por noite, com *TV Dinner*. Vivemos assim por um ano, um ano e meio mais ou menos. Mas sempre soubemos que poderíamos criar dinheiro, e nós criamos enquanto estivemos lá. O que isso nos ensinou foi saber que realmente podemos criar. Então, o dinheiro não foi a razão. O fato de que podíamos criar é que foi a razão.

Você disse que, quando conheceu Chutisa, teve mais consciência de que poderia criar. Você percebe que foi ter alguém com você que não tinha nenhum ponto de vista sobre o que era a criação, ou como foi para você criar junto de outra pessoa?

Steve: Novamente outra pergunta que nunca me fizeram! Então, uma das grandes coisas sobre estar com alguém que sempre foi criativa - não se forçando a ser criativa, ela é criativa de verdade - é que traz o criativo em você, em mim; isso aparece em mim. Então, nós sempre criamos nossas vidas como queríamos que nossas vidas fossem, e o interessante é que isso também incluía dinheiro. Uma das coisas que vou dizer agora é que um dos grandes presentes que todos podem dar às suas vidas - e nós aprendemos isso nos últimos anos - é que nunca é tarde demais. Nunca é tarde demais para realmente criar a vida; nunca é tarde demais para criar mudanças, nunca é tarde demais para realmente mudar sua realidade financeira. Todos os anos, analisamos o que mais podemos mudar, o que mais podemos mudar, o que mais podemos mudar? Ainda há três semanas, mudamos totalmente nossa vida em relação à realidade financeira de diferentes maneiras. Então, o principal nisso é, se tivéssemos um ponto de vista sobre o que o dinheiro deveria ser, ou não ser, não teríamos conseguido mudar isso. O que descobrimos foi que, quando começamos a olhar para o ponto de vista sobre o dinheiro ou sobre as dívidas, é o seguinte: se estamos dispostos a mudar isso, todo o resto muda. Percebemos isso todos os anos. Não é apenas uma coisa única; isso acontece o tempo todo.

Lembro que, quando morei em Londres, quase não tinha dinheiro e tinha pelo menos 50 receitas para cozinhar macarrão instanâneo. Eu não tinha um ponto de vista de que era pobre. Não tinha um ponto de vista de que não tinha nada. Apenas queria estar ciente de que, se eu não gastasse dinheiro para comprar muitos tipos diferentes de comida ou comida cara, teria mais dinheiro para viajar. Porque, naquela época, viajar era definitivamente uma prioridade para mim. Então, minha pergunta é, quando vocês estavam vivendo com $ 2 por dia com seus *TV Dinners*, qual era a mentalidade? Qual era o ponto de vista que vocês tinham?

Steve: O ponto de vista, para nós, era que faríamos o que fosse preciso para realmente criar mais. Então, eu estava fazendo dois mestrados em Washington, D.C. e Chutisa, assim do nada, criou um negócio de design de moda muito bem-sucedido, que foi muito falado na cidade de Nova York, enquanto estávamos vivendo com *TV Dinners* de $ 2 por dia; e foi assim porque nunca nos enxergamos como pobres, simplesmente sabíamos que podíamos criar. Tivemos que criar. E ela foi absolutamente incrível durante os dois anos em que moramos lá. Trabalhava 23 horas por dia para criar e, na verdade, criou um negócio de *design* de moda muito bem-sucedido, o que era inédito. E eu estava fazendo dois mestrados ao mesmo tempo, o que também era incrível, mas não pensávamos nisso, pois é assim que estávamos escolhendo criar nossas vidas.

Chutisa, eu adoraria saber como você foi criada em relação ao dinheiro? Você foi educada sobre isso? Ensinaram-lhe a respeito, ou isso foi ignorado ou você não tinha permissão para falar sobre isso? Como era a vibração em geral da sua família? Você cresceu na Tailândia?

Chutisa: Sim. Cresci em uma família que você classificaria como uma família bem aristocrática. Então, falar de dinheiro significa que você está se vangloriando ou está sendo desagradável, então você não deve ficar falando muito sobre dinheiro. Mas meu pai é o que se chamaria de ovelha negra da família, então ele fazia tudo o que não se deve fazer em uma família aristocrática, por isso o julgavam muito mal. Ele se via como um empreendedor; naquela época, há 60, 70 anos, não havia essa coisa de ser empreendedor. Então, ele foi julgado como um risco, uma pessoa que se arriscava, que fazia coisas terríveis com dinheiro. Então, eu tive a experiência de lidar com o julgamento que era projetado sobre ele e, claro, sobre nossa família, porque tínhamos um pai que estava fazendo coisas contra a sociedade e contra a cultura [que acreditava] que ele deveria estar trabalhando, e ganhando dinheiro e fazendo a coisa certa. Mas, ele tentou criar um negócio que não teve tanto sucesso. Então, esse tipo de angústia com o dinheiro acontecia. Mesmo que tivéssemos o dinheiro, a ansiedade em torno dele era enorme.

Quando você diz "coisas terríveis", isso era um julgamento apenas porque era diferente? Com que tipo de coisas ele se envolveu de que você teve conhecimento enquanto crescia?

Chutisa: Ele era uma daquelas pessoas que tinha grandes visões. Sabe, se alguém queria ter um negócio de varejo, meu pai construía um shopping inteiro. Se alguém pensasse em fazer alguma coisa, sabe, construir uma oficina, ele construía um aeroporto; era o que ele fazia. Possuía a capacidade de levar as pessoas a investir em todo esse tipo de coisas. E percebi que existem duas coisas: uma é ter a capacidade de falar sobre dinheiro e inspirar as pessoas a doar, investir. Mas temos que ter a capacidade de gerar também, de fazer a ação também. Você tem que ser capaz de fazer isso acontecer. Sinto que esse é o caminho que ele precisava ter para se tornar bem-sucedido.

Então, sei que Steve tinha algo que gostaria de acrescentar aqui, sobre o afetuoso pai de sua esposa e como ele era, Steve?

Steve: Bem, é interessante. Quando você tem um monte de pessoas que o julgam porque não se encaixa na realidade delas, você não se ajusta à realidade de uma família aristocrática. Ele foi brutalmente julgado pela maioria das pessoas de sua família. No entanto, no seu enterro - estávamos lá quando ele faleceu -, altos funcionários do governo compareceram, assim como figuras um tanto sombrias. E se apresentaram no enterro para prestar suas homenagens, porque ele tinha criado coisas com eles e os protegeu ao mesmo tempo. Então ele era um homem de quem só conheceremos um pouco de sua história. Mas, por ter sido julgado tão ferozmente pela família, só nos últimos 10 ou 15 anos foi que percebemos que talvez ele realmente tenha feito coisas das quais nem sequer sabíamos, que criaram grandes mudanças por lá. Então, o que tiramos disso é que o julgamento acabou com toda essa possibilidade.

Chutisa: E esse julgamento é muito real para mim porque eu não enxergava, até Gary Douglas, o fundador de Access Consciousness, ser meu facilitador, e então percebi que sou muito cautelosa, não sou nem um pouco de me arriscar com dinheiro, e vejo a conexão disso com o fato de que meu pai se arriscava e não era muito cauteloso com dinheiro; então, tudo que era grande e enorme era o inverso do que se poderia escolher. Então, qualquer coisa que fosse grande ou enorme, eu não escolheria, porque tinha essa conexão de que isso não iria ser responsável com o dinheiro, até que Gary realmente me mostrou que isso não é correr risco, e tudo mudou em nosso universo. Agora estou disposta a olhar para projetos maiores.

Então, interessante dizer que você não gosta de se arriscar, Chutisa. Quando eu olho para a história que Steve falou sobre vocês em Nova

York, vivendo com *TV Dinners* com $ 2 por dia, e você começando essa grande marca de moda praticamente do nada, para mim, isso representa um risco. Então, como você vê isso?

Chutisa: Um tomador de risco com dinheiro. Particularmente com o dinheiro de outra pessoa, eu nunca arrisco o dinheiro de outras pessoas. Falando com você agora, percebi que arrisco meu dinheiro; com dinheiro de outra pessoa, eu não faria isso. E isso está ligado ao julgamento de que, quando você é um grande empreendedor e quer criar um grande sucesso, você deve ser capaz de usar o dinheiro de outras pessoas, certo? Assim, se você não pode arriscar com o dinheiro de outras pessoas, então sempre será cauteloso. Portanto, vai continuar a se manter pequeno.

Como você aconselharia as pessoas [no que diz respeito a se arriscar com o dinheiro de outras pessoas]? Que outras informações você tem sobre isso?

Steve: Uma das premissas desta conversa é como se livrar das dívidas e como conseguir isso com alegria, alegremente. E uma das coisas que descobrimos é que tínhamos investidores em negócios e eles decidiram parar, então pagamos todos os investidores de volta, mesmo que não precisássemos. O que acontece é que para nós, por essa atitude, estamos dispostos a arriscar tudo. Nós, Chutisa e eu, estamos dispostos a arriscar qualquer coisa. Mas não estamos dispostos a arriscar nada em nome de outras pessoas. E isso ainda é uma limitação. Não é certo ou errado, mas é uma limitação. No entanto, também vimos outras pessoas que simplesmente não se incomodavam; não se importavam com o que outras pessoas lhes deram e o que fariam com isso. Penso que tudo isso diz respeito a ter consciência de, quando outras pessoas estão dispostas a investir no seu negócio, esteja ciente e esteja disposto a cumprir o que precisa acontecer. Quer dizer, esse é apenas nosso ponto de vista. Então, o que torna mais fácil para nós é que sabemos que podemos criar dinheiro do nada, constantemente, e o fazemos. Sabendo disso, como você pode ter dívidas?

Fale um pouco mais sobre isso, criar dinheiro do nada, constantemente.

Steve: Bem, há tantas maneiras de realmente criar abundância. E esta é outra conversa - a diferença entre abundância e riqueza. O que aprendemos em nossas vidas, e mesmo recentemente, há algumas semanas, foi apenas ter esses momentos de "aha" o tempo todo. Não esqueça: nunca é tarde demais! Então, criar dinheiro do nada é apenas uma maneira de encarar isso, há tanto dinheiro por aí, há tantas possibilidades. Elas ficam gritando para olharmos para elas, mas nos recusamos a olhar na maioria das vezes. O que descobrimos, em nossa vida, é que houve tantas coisas diferentes que agora estamos fazendo e que recusamos ver por 5 anos, ou 10 anos ou 15 anos. E agora estamos fazendo isso, uma vez que superamos nossos pontos de vista, então, de repente, nossos negócios aumentaram. Eu tenho um grande negócio de consultoria, um negócio de assessoria. Tinha o ponto de vista de que eu era a mercadoria valiosa, certo? Duas coisas erradas com essa história. Número um, valiosa. Número dois, mercadoria. Então, Chutisa e eu começamos a explorar isso, dizendo: "Bem, e se criássemos o negócio de maneira diferente para que eu não fosse a mercadoria valiosa nesse negócio? Como seria?". E, ainda assim, fazer as coisas que amo fazer. Então, isso criou outros negócios. Agora estamos on-line. Temos uma série de outras coisas. Nós temos outras pessoas envolvidas. Uma vez que superei o ponto de vista de que tinha bastantes funcionários - cheguei a ter 300 funcionários em certo momento -, já bastava. Uma vez que superei o ponto de vista de que eu não queria mais funcionários, o negócio cresceu novamente. Uma vez que cheguei ao ponto de vista de que precisava de pessoal, o negócio cresceu de novo.

Então, a base aqui é superar seu ponto de vista?

Steve: O truque é esse.

Onde as pessoas podem descobrir mais sobre o que você está criando?

Steve: Bem, há uma série de coisas diferentes. Temos um site, que é www.consciousgovernance.com. Há outro que é www.befrabjous.com, que é um site de blog que tem todo tipo de coisas incríveis.

A palavra frabjous vem de *Alice Através do Espelho*. É uma expressão de Lewis Carol que significa surpreendentemente alegre. Então que seja assim! E você encontrará algumas coisas legais que Chutisa escreveu lá. Há também o theluxeproject.com. Há o nomorebusinessasusual.com. E, também, o strategicawareness.com. Em caso de dúvida faça uma pesquisa no Google sobre Chutisa Bowman e encontrará todos os sites, porque o nome dela é muito mais fácil de encontrar do que procurar no Google sobre Steven Bowman.

Steve, você mencionou sobre vocês ainda estarem se educando sobre o dinheiro. E você mencionou a diferença entre abundância e riqueza. Você pode falar sobre essa diferença?

Steve: Estamos constantemente olhando os pontos de vista que temos sobre tudo. Então, tive um ponto de vista, por muitos anos, que funcionou para nós, até certo ponto, de que o fluxo de caixa era o que nosso negócio de consultoria nos dava e, com esse fluxo de caixa, poderíamos gerar e criar em termos de outros tipos de investimentos. Infelizmente, o que esse ponto de vista fez, que só percebi há cerca de três ou quatro semanas, foi me impedir de olhar para outras fontes geradoras de abundância, porque eu estava concentrado no fluxo de caixa. E estive convencido de que estava certo, por cerca de três ou quatro anos, sobre o fluxo de caixa. Assim que Chutisa e eu tivemos essa conversa: "Bem, e se a abundância for mais do que apenas o fluxo de caixa? E se houvesse diferentes maneiras de ver o fluxo de caixa? E se houvesse coisas que pudessem ser criadas para criar o fluxo de caixa de uma forma que não fosse fluxo de caixa, para que pudéssemos ter fluxo de caixa que não tivéssemos que decidir que fosse fluxo de caixa?". E isso mudou totalmente e, a partir desse momento, há três semanas, criamos dois novos negócios que já começaram a criar um fluxo de dinheiro diferente; porque não estou chamando isso de fluxo de caixa agora.

Como você descreveria agora a diferença entre fluxo de caixa, riqueza e abundância?

Steve: Então, antes de mais nada, todos esses são pontos de vista. Abundância para nós, no momento - e muda o tempo todo -, é a disposição de criar e gerar a partir dessa criação. Agora, vamos convidar Chutisa, em um momento, porque ela é muito erudita quando se trata de olhar para a abundância. O fluxo de caixa pode ser muito sedutor, mas também pode tirar o seu olhar do jogo criativo. Então, sim, pode ser importante, mas também não é o jogo final. E penso que havia mal identificado fluxo de caixa como o jogo final.

Chutisa, como você vê a diferença entre abundância, riqueza, fluxo de caixa etc.?

Chutisa: Bem, a palavra "fluxo de caixa" sempre teve uma energia esquisita para mim. Apenas me ocorreu, como disse Steve, há umas três semanas, quando lhe disse: "O fluxo de caixa quase não cria nenhuma escolha. Uma vez que você para de trabalhar, ou para de fazer tudo isso, você interrompe o fluxo de dinheiro. Então, como seria se olhássemos para construir ativos como receita generativa criativa, renda generativa?". E, quando você fala sobre receita generativa, isso simplesmente continua gerando mais receita, certo? Então é uma energia diferente de "fluxo de caixa". Porque fluxo de caixa me conecta a algo linear. Nós somos "baby boomers". A maioria das pessoas dessa época, nossos colegas estão chegando à aposentadoria, e Steve diz com frequência: "Nunca me aposentarei. Trabalharei para sempre". Você pode sentir isso? Ele já está se preparando para trabalhar para sempre, certo? Então, eu disse: "Bem, essa é uma escolha diferente de 'temos tanta abundância generativa que escolheremos fazer o trabalho, ser a contribuição para tornar o mundo um lugar melhor para sempre'.

É diferente de 'eu vou trabalhar para sempre para que possa ter o fluxo de caixa'".

O fluxo de caixa... não há muita escolha nisso: "você deve ter um fluxo de caixa". Mas, se você possui abundância generativa, isso continua gerando por si só.

Steve: Uma das principais chaves disso é educar-se sobre todas essas possibilidades. Agora, assim que eu digo educar-se sobre essas possibilidades, posso ouvir "Eca!". eclodindo no universo das pessoas. A educação pode ser muito simples, como entrar no Google e fazer uma pesquisa no YouTube sobre como posso... blá, blá, blá, seja lá o que for. Mesmo que você pesquise no Google algo como: "O que é riqueza?", "Como as pessoas ricas se tornam ricas?". e leia através de seu próprio ponto de vista e escolha uma ou duas coisas ali que realmente façam sentido para você – pois isso, pelo menos, já é um começo. Descobrimos, há três semanas, que havia áreas de riqueza que nunca levamos em consideração antes, mas sempre estiveram lá, gritando para nós, mas nos recusávamos a ver o que eram. E, assim que percebemos o que essas coisas eram, começamos a entrar em ação e, de repente, estávamos fazendo $ 1.000 por dia, $ 2000 por dia em áreas que sempre poderíamos ter feito, mas nunca tínhamos pensado a respeito. Isso é, acima de tudo, o que estamos fazendo.

Chutisa, o que você tem a acrescentar a respeito de se educar sobre dinheiro? O que você ofereceria às pessoas para que elas começassem a se educar?

Chutisa: Acho que a questão-chave é que, quando você ouve "educar-se", não é como se você estivesse no planejamento financeiro 1 ou algo assim, ou tirasse um diploma de contabilidade. É mais como: encontre algo que seja divertido para você e simplesmente aprenda o máximo possível sobre *essa* coisa particular. Como falamos sobre as joias. Se você gosta disso, aprenda tudo sobre joias. Poderia ser antiguidades, poderia ser ouro, prata; comece com uma coisa que seja divertida para você e aprenda o máximo que puder e esteja na pergunta sobre: o que se requer para que eu faça dinheiro com isso? Você pode comprar e vender, ou você pode fazer o *design*. Você pode fazer todo tipo de coisa. Pode ser um treinamento financeiro enorme estar em algo que faz seu coração cantar e apenas ir e aprender isso. Eduque-se e depois acrescente mais. Continue acrescentando mais.

Você poderia falar sobre como vê a diferença entre dívida – e, assim, desmistificar o julgamento que a maioria das pessoas fazem sobre dívida - e estar com dívidas?

Chutisa: Bem, o que as pessoas chamam de dívida ruim é quando usam o dinheiro de outras pessoas, como o dinheiro do banco, e compram bens consumíveis, e os bens na verdade não se expandem nem geram dinheiro para você. Você pode criar uma dívida boa pegando dinheiro, obtendo um empréstimo bancário por aproximadamente 5% de juros e usar esse dinheiro para gerar 20-25% sobre esse dinheiro. Então, essa é uma maneira melhor de usar a dívida, a dívida boa.

Steve: A coisa com as dívidas é assim: sempre que você estiver usando o dinheiro de outras pessoas, que é a definição de dívida, para criar um bem que vai criar uma receita para você, então, por que você chamaria de dívida? Se você está usando uma dívida, isto é, dinheiro que você deve a outras pessoas para criar algo que você vai consumir, e não é um ativo que criará dinheiro para você, então essa é a dívida da qual você deve ficar longe. Então, novamente, a coisa é se livrar de todas as coisas que você está consumindo usando o dinheiro de outras pessoas, mas veja maneiras de usar o dinheiro de outras pessoas para criar ativos que, em seguida, criam dinheiro novo.

Para as pessoas que estão pensando: "Como isso se aplica a mim? Eu tenho dívidas da faculdade e tenho todo esse tipo de dívida enrolada", o que você recomenda? Quais perguntas, ferramentas básicas para que as pessoas comecem a mudar isso, para começar a sair dessa mentalidade frustrante de que essa é a vida delas e que não há nada que se possa mudar?

Steve: Nunca é tarde demais para começar em qualquer situação. E nunca é tarde demais, seja aos 20, 30, 40, 50, 60, 70, 80 anos. Não importa. Porque cada vez que você muda, isso também muda sua vida. Então, alguns conselhos práticos sobre isso. E isso não é um aconselhamento financeiro, a propósito. É apenas um conselho prático. Procure maneiras de reduzir a quantidade de débito consumível que você tem, as coisas que você está olhando para consumir. Olhe para seus cartões de crédito como formas de realmente comprar ativos que irão criar receita. Agora, quais são os ativos que criam receita? Faça uma pesquisa do Google assim: "onde estão os ativos que criam receita?". E comece a olhar para aqueles que realmente sejam divertidos para você. E comece a olhar como você pode usar de outra maneira alguma parte do dinheiro que esteja criando, para então gerar alguns desses ativos; mesmo que seja apenas $ 1.000 por mês ou $ 500 por mês. Isso é mais do que qualquer pessoa que não esteja ganhando $ 500 por mês. E você começa, daí você começa; e, com certeza, a melhor maneira de se começar é apenas começando.

Eu acho brilhante o exemplo da colher de prata. Se você quer comprar uma colher de prata, eduque-se sobre o preço da prata. Compre abaixo desse preço e, depois, você pode, se quiser, derreter essa colher de prata e ainda ganhar mais dinheiro do que o que pagou por ela.

Uma das coisas que realmente nos surpreendeu ao longo de décadas é que, se você se educar em qualquer coisa, isso significa que você vai saber mais do que 99,99% de todas as pessoas. Veja, as pessoas só sabem o que sabem e, se você sabe um pouco mais sobre algo, então você pode ver o valor em coisas que outros não enxergam. Então, usando a colher de prata. Leia um pouco sobre prata. Faça isso. Faça um pequeno curso de meia hora no YouTube sobre "Como avaliar a prata?". E, então, faça outra pesquisa assim: "Onde posso comprar uma colher de prata?". Você compra uma colher de prata abaixo do valor de fusão. Então faça outra pesquisa: "Onde posso derreter prata?". Você derrete. Então, ganhou 20% a mais do que tinha antes. Agora, se você fez isso três vezes por semana, imagine!

Foi chato quando disse: "Oh, não, não derreta a linda prata?", Steve, mas eu sou a única que vai comprar para que você não derreta; então sempre há um cliente em algum lugar!

Ouvi você falar muito sobre lucro, sobre maximizar os lucros.

Steve: Bem, uma das questões que sempre vemos é que muitas pessoas preferem ter 100% de nada a ter 20% de algo. E se você tem o ponto de vista de que deseja maximizar a quantidade de lucro que vai obter de alguma coisa, você simplesmente não vai, porque está sempre procurando o *melhor* momento para vender pelo *melhor* preço, pelo dólar mais alto no que quer que seja. E se você ficasse realmente satisfeito sabendo que acabou de criar 25% a mais do que o que você tinha quando começou? E se você fizesse isso constantemente, constantemente, constantemente? Quanto acha que geraria, em um ano, se tudo o que você tocou pudesse vender, ou revender com 25% a mais? Não é mais 300%, nem 500% mais, mas 25% a mais? A maioria das pessoas prefere esperar 3 anos e vender algo pelo dobro do preço do que vender algo por 25% a mais, 10 vezes por ano.

Steve, há algo mais que gostaria de oferecer a todos?

Steve: Eu gostaria de convidar todos que estão ouvindo ou lendo isso para sair e começar a olhar para o que está livremente disponível para criar e gerar abundância. E basta escolher uma coisa. Se você pegar uma coisa, então, você estará à frente de 99% da população. E este é um dos grandes presentes de sair das dívidas: mudar o seu ponto de vista. É tudo sobre sair das dívidas. E se não fosse sobre sair da dívida? E se fosse sobre gerar ativos?

Chutisa, gostaria de acrescentar algo?

Chutisa: Deixe uma porcentagem de sua receita ou renda de lado. Por menor que seja, isso vai se acumular. E use esse dinheiro para comprar ativos que gerem mais renda ou mais receita para você. Então, comece pequeno. Guarde isso. Coloque de lado e use esse dinheiro apenas para comprar ativos geradores. Se você gosta de colheres de prata, guarde um dinheiro e somente compre uma colher de prata quando puder pagar uma colher de prata. E isso em si será mais generativo para você e sua vida.

ENTREVISTA COM BRENDON WATT

Transcrita do programa de radio on-line Joy of Business, "Saindo das Dívidas Com Alegria, com Brendon Watt", transmitido em 29 de agosto de 2016.

Como você cresceu com relação ao dinheiro? Como era sua vida familiar em relação ao dinheiro? Falava-se sobre isso ou não, era algo encoberto ou não, você tinha dinheiro ou não tinha? Como era para você?

Lembro que, quando estava crescendo, costumava perguntar aos meus pais: "Então, quanto custou isso?". E eles diziam: "Não é da sua conta". E, aí, eu dizia: "Quanto custou isso?". Tudo que perguntava sobre dinheiro, a resposta era sempre: "Não é da sua conta. Não precisa saber disso". Então, ao crescer, achava mesmo que o dinheiro era uma coisa que se devesse evitar, algo que não existia e, nos meus primeiros anos de vida adulta, isso foi algo que aparecia muito. Lembro-me de receber pelo correio as contas de luz ou de telefonia, ou quaisquer que fossem, e não abria o envelope, porque de achava que, se não o abrisse, não veria que devia uma conta. Então, eu poderia simplesmente evitar. Ou, se um número privado surgisse no meu celular, se não respondesse, obviamente não deveria nada, porque não sabia nada sobre isso. Desse modo, evitei e evitei isso até chegar a um ponto em que eu devia tanto, estava com tantas dívidas que era hora de ter que olhar para isso.

Pode falar sobre o que isso criou em você? Do que você está ciente agora de que não estava naquela época?

Lembro-me de uma vez, quando dividia um apartamento com um amigo. Ele estava fora e as contas de energia estavam chegando, mas, obviamente, não abria as correspondências, e a energia foi cortada. Então, puxei um cabo de um dos pontos de energia de fora do apartamento, pois era um bloco de apartamentos e havia pontos de energia fora que não tinham nada a ver com o meu apartamento. Entrei nele e liguei tudo. Não achava que fosse um problema, simplesmente pensei: "Ótimo, tenho energia de novo". Meu amigo voltou para casa de viagem e me olhou e disse: "O que você está fazendo?". E eu disse algo como: "Bem, a energia foi cortada e não tenho dinheiro para pagar a conta". E pensava que isso era completamente normal. Como cresci na pobreza e a pobreza era uma coisa real para mim, era como se eu não estivesse errado, não era certo ou errado, era apenas: "eu não tenho dinheiro, então o que mais posso fazer? Claro que vou colocar um cabo de força para pegar energia do lado de fora". Era assim que eu via as coisas.

Então, você foi realmente criativo.

Sim. Bem, eu precisava de energia. Eu precisava de algum jeito de manter a geladeira fria e as luzes acesas. Mas, para mim, era assim. Eu nem percebi que tinha dívida, não tinha nenhuma educação sobre dinheiro. Dívida não significava nada para mim. Era apenas: "Eu não tenho dinheiro". Mas lembro do momento em que Simone e eu nos mudamos para a primeira casa que conseguimos juntos e estávamos conversando um dia e falei: "Ah, então, tenho uma dívida tributária de $ 200.000". E ela disse: "O quê?". E ela disse depois: "Bem, isso é uma coisa e tanto" e, mesmo assim, eu dizia: "É mesmo? É um grande problema eu ter dívidas?". Mas, mais uma vez, não percebi que a dívida era ruim nem nada, era apenas dinheiro, e dinheiro não significava nada. Nunca fui educado sobre isso, portanto, eu não tinha nenhum respeito por isso.

Sim, me lembro de ter conversado sobre isso com você e eu disse: "Nós compramos uma casa juntos, estamos vivendo juntos, esse não é o tipo de coisa que se diz antes de se fazer isso? Que você tem tanta dívida?". e você disse: "Oh". Você tratou isso de forma tão casual. Nós rimos muito disso.

Sim, mas era isso que o dinheiro representava para mim, era assim: "Ah, eu esqueci isso?". Aprendi a evitar isso tão bem que desenvolvi uma capacidade de afastá-lo de mim que poucas pessoas têm; eu era bom nisso!

Uma das coisas que você me disse há algum tempo é que, quando você cresceu, as pessoas ao seu redor batalhavam por dinheiro. Lembro que você disse que nunca quis ter dinheiro, nunca quis saber de nada sobre isso porque, para você, isso era igual a um certo nível de abuso e violência. Você pode falar sobre isso um pouco?

Sim, exatamente. Você sabe, eu vejo isso em muitas pessoas. Em relacionamentos, por exemplo, se alguém cresce em relacionamentos abusivos ou se tem um relacionamento abusivo para que possa tentar experimentar e tentar fazer melhor do que seus pais ou, digamos, com dinheiro, por exemplo, se o dinheiro fosse algo sobre o qual seus pais lutaram, então, por que você deseja ter? Você sabe, porque, para mim, eu me esforcei para fazer meus pais felizes. Eu sempre estava me perguntando o que eu poderia fazer para deixá-los felizes? E eles estavam lutando por dinheiro o tempo todo, então, obviamente, eu não podia fazer nada em relação ao dinheiro para fazê-los felizes, mas não era algo cognitivo. Foi algo que decidi, em algum momento ao longo da linha: "Bem, se é assim que o dinheiro é, então, por que vou querer ter?".

Você também mencionou felicidade. Enquanto criança crescendo, a felicidade se igualava ao dinheiro, dinheiro era igual a felicidade? Ou, era simplesmente irrelevante? Como isso funcionava?

Bom, para mim, a felicidade não tinha nada a ver com o dinheiro. A maneira como eu defini a felicidade era estar sozinho ou fazer algo que me deixasse feliz. Que crianças você vê que criam suas vidas com base no dinheiro; criam sua felicidade com base no dinheiro? Elas não ficam felizes: "Ganhei $ 10 hoje, então estou feliz". Elas dizem: "Tive um ótimo dia hoje, então estou feliz". Mas, com adultos, parece que é assim: "Eu não ganhei dinheiro hoje, então sou idiota", ou "Tive um dia de merda", ou o que quer que seja. "Não posso ser feliz, por causa do dinheiro". Então quantas pessoas decidiram que o dinheiro é igual à felicidade? Porque não é. Quer dizer, eu pensava assim. Também em meus primeiros anos de idade adulta, pensava: "Se pudesse ganhar mais dinheiro, estaria mais feliz", mas percebi, uma vez que comecei a ganhar dinheiro, que isso era irrelevante. A felicidade era uma escolha que eu precisava fazer e não tinha nada a ver com o dinheiro.

Existe algum momento particular de sua vida em que você poderia dizer que começou essa consciência?

Bem, quer dizer, conheci você e conheci Gary e Dain e conheci muitos outros amigos próximos que tenho agora e muitos deles criaram muito dinheiro. E não é que isso tenha criado felicidade para eles, ou para mim, é mais sobre as escolhas que isso lhe dá. Como para nós, por exemplo, amo voar na classe executiva e amo usar roupas legais e amo comer comida boa, amo todas essas coisas que me fazem feliz e isso faz meu corpo feliz, mas também é uma escolha que preciso fazer para ter isso. Não é só, bem, se eu tivesse $ 1.000 agora, ficaria mais feliz. Porque, se você me desse $ 1.000 agora, não criaria felicidade. Isso criaria: "Oh, eu tenho $ 1.000. Incrível".

Você mencionou a escolha. Esse dinheiro lhe dá mais escolha. Por exemplo, você viaja na classe econômica, na classe executiva, ou...

Bem, o que vai fazer você mais feliz? Classe econômica ou classe executiva?

O que vai fazer seu corpo mais feliz? Com certeza a classe executiva ou primeira classe!

Ou jato particular.

Ou jato particular, e voamos com alguns jatos particulares nos últimos meses, o que foi muito divertido. Então, estamos falando de escolha. Você realmente sentiu como se tivesse escolhas ao crescer, em relação ao dinheiro ou não teve escolha? Como foi isso para você?

Para começar, não sabia o que era escolha. Para mim, ao crescer, a escolha era olhar para o que todos escolheram e pensar: "Ok, é isso que eu devo escolher? É o que eu devo escolher? É o que eu devo escolher?". E não: "O que posso escolher e quais escolhas que eu tenho disponíveis agora?". Nunca foi assim. Estava olhando o que poderia escolher por uma outra pessoa, ou contra outra pessoa. Então, aprender sobre a escolha foi provavelmente um dos primeiros passos para ser capaz de criar uma realidade diferente com o dinheiro. E a dívida também. Eu tive que olhar para isso e dizer: "Ok, tenho dívidas. Isso não vai embora". Então, passei os últimos 30 ou 40 anos fugindo disso. Isso está batendo na minha porta agora e está batendo. E ainda está batendo. E ainda está batendo. Preciso abrir a porta e preciso olhar para isso. E foi o que fiz; e isso foi, isso foi há apenas dois anos. Foi há dois anos que comecei a perceber quantas dívidas tinha acumulado e então: "Agora, tudo bem, quais escolhas preciso fazer para sair disso?".

Como foi ter tomado conta de sua vida financeira pela primeira vez e saber que era o único que tinha que mudar isso; que você era o único que tinha que fazer mais escolhas?

Tive a sorte de ter muitos bons amigos para compartilhar ideias e disse: "Aqui é onde estou agora". Mas também me cercava de pessoas que tinham dinheiro, então me eduquei. Eu pensava: "Se eu vou sair desta…", a primeira coisa que surgiu para mim foi: "Vou precisar me educar sobre o dinheiro". Então, para mim, isso foi assim, passar um tempo com pessoas que sabiam sobre o dinheiro. Isso poderia ser, sabe, assistir o canal financeiro. Poderia ler qualquer coisa que tivesse a ver com pessoas que realmente criaram educação em torno do dinheiro e que têm educação sobre dinheiro. E fui apenas me educando e, então, pude observar: "Se preciso sair da dívida, preciso fazer isto, isso e aquilo. Quais são minhas escolhas? O que preciso escolher?". E, então: "O que parece mais leve?". E mandar ver. E fiz isso, e isso foi há alguns anos e a situação agora está completamente diferente. Quero dizer, não tenho nenhuma dívida agora, além de hipotecas e coisas que estão criando dinheiro.

Fale da diferença de quando você ia ao contador e agora. Você nunca se sentia bem quando saía de uma reunião, e agora adora ter reuniões financeiras ou reuniões de planejamento tributário com o nosso contador. Qual a diferença na criação?

Bem, a diferença é que agora não evito o dinheiro. Se eu tivesse o ponto de vista de que precisava evitar dívidas e evitar dinheiro, então, como poderia falar com um contador? Não é tão fácil conversar com um contador quando você tem um ponto de vista de que o dinheiro é um saco, e eu estava superando isso e mudando o ponto de vista que tinha sobre dinheiro. Agora, quando nos encontramos com nosso contador, eu gosto da parte: "Agora, o que fazemos? O que podemos fazer com isso? O que podemos fazer com isso? E como vamos colocar isso ali? E como podemos economizar impostos aqui?". É bem empolgante porque a criação é empolgante e não é sobre a criação de mais dívidas. Agora trata-se de criar um futuro e abundância.

Então como você mudou seu ponto de vista, Brendon? Pode nos dar, digamos, três ferramentas ou perguntas?

Minha ferramenta número um seria a conta dos 10%. Direto. Número um. Se você pode fazer isso, você vai se livrar da dívida. E a razão disso é que se você pode guardar 10% de tudo o que ganha, imediatamente; se você ganhar mil dólares por semana, antes de ir pagar suas contas, você coloca $ 100 em uma conta bancária separada, ou deixa esse dinheiro na sua gaveta ou no seu cofre, ou seja o que for, e não toca nisso; se você ganhar $ 1.000 por semana, retira $ 100; em 3 anos, quanto dinheiro você terá? Você terá $ 15.600. Então, se você tem $ 15.600 em uma conta separada, você vai sentir que tem dinheiro ou que não tem? Você vai sentir que pode criar dinheiro ou que não pode criar dinheiro? Fiz isso umas cinco vezes e cheguei a 2 ou $ 3.000 e gastei. Daí eu lhe disse, Simone: "Isso não está funcionando. Eu quero muito fazer isso. Eu realmente quero mudar minha situação financeira". Mas, essa era a demanda que eu tinha. "Você pode guardar esse dinheiro para mim? Você pode guardar meus 10%?".

E você disse: "Não me devolva, mesmo que eu peça".

E acho que pedi algumas vezes.

Você pediu, e eu disse: "Não". E você disse: "O quê?".

Eu disse: "Que droga!".. E isso foi provavelmente há dois ou três anos e não toquei nesse dinheiro desde então. E, por isso, foi juntando e juntando. E, agora, tenho uma certa quantia de dinheiro no banco, então não sinto que não tenho dinheiro.

Posso perguntar qual a quantia de dinheiro que você requeria ter na sua conta dos 10% antes de sentir que tinha dinheiro?

Eu acho que, no início, foi algo como $ 10.000. E, então, cheguei nesse valor e daí foi como $ 30.000. E, então, isso foi para $ 50.000. Mas, uma vez que você chega a certa quantidade, é como "Nossa, eu tenho dinheiro. E agora, o que mais?". Então, esse foi meu início. E essa é a minha principal dica para se livrar das dívidas. A próxima seria escrever suas despesas; tudo. Quer dizer, nós fazemos as nossas por alguns meses e colocamos presentes de Natal, uma coisa mensal. Então, sabemos que, quando se trata de Natal, podemos gastar $ 1.000, $ 2.000, $ 3.000 em presentes de Natal, ou no almoço de Natal ou para receber a família; você sabe, isso é uma despesa.

Lembro de um ano em que calculamos $ 8.000 no Natal. Então, em vez de pensarmos: "Puxa, $ 8.000 no Natal", nós dividimos em 12...

E colocamos em nossas despesas mensais.

Você pode falar mais sobre como calcula as despesas mensais?

Certo, se você segue o modelo tradicional, escreva em um pedaço de papel. Se você é moderno, planilha do Excel; que eu odeio, porque não consigo usar. Simone é assim: "oh, eu posso copiar e colar como ninguém!". Enfim, faça isso e anote: "Carro: licenciamento do carro, gasolina do carro", seja o que for. "Casa: aluguel ou hipoteca". Depois, você tem água, eletricidade, filhos, escola, roupas. E, então, tem você. Você tem roupas, tem o que quer que seja, mas cada coisa em que gasta dinheiro precisa colocar lá, porque tudo isso faz parte de sua vida. Isso é o que seu corpo necessita. Então, coloque tudo, como algo mensal ou semanal, seja como for para você e, então, olhe para isso. Por exemplo, se você ganha $ 1.000 por semana e suas despesas são de $ 1.500, isso vai funcionar de verdade? Você está com $ 500 a menos. Ao invés de surtar e dizer: "Certo, preciso reduzir minhas despesas. Preciso baixar meu padrão de vida. Preciso parar de me divertir tanto. Eu não posso mais jantar fora", diga: "Certo, então o que preciso acrescentar à minha vida agora para criar os $ 500 e mais?. Olhe para o que você pode acrescentar à sua vida, ao invés de retirar dela.

A primeira vez que você fez isso, você lembra da quantidade e o que significou para você?

Eu não. Não faço ideia. Mas acho que foi... Eu não poderia lhe dizer o valor para ser honesto, mas não era muito. Lembro que certamente era mais do que eu estava ganhando. Com certeza era mais do que eu ganhava. Por não saber de onde vinham as dívidas, eu não tinha clareza de quanto precisava para viver. Usando $ 1.000 como exemplo, se eu ganhasse $ 1.000 por semana e, então, calculasse minhas despesas e desse $ 2.500 e eu continuasse a fazer mais e mais dívidas, sem saber por quê; só pensava que era má gestão ou o universo... Deus me odiava: "Deus, por que você não me ama?!". Mas eu não tinha educação, então, quando coloquei no papel, descobri: "Ah, é por isso que tenho dívidas. É porque não estou ganhando dinheiro suficiente para cobrir minhas despesas". Então, isso criou uma clareza absoluta em mim. Pensei: "Ok, legal. Tenho $ 1.000 ou $ 1.500 a menos por semana do que preciso ganhar". Então, você tem escolhas. Pode cortar de sua vida todas essas coisas que você adora fazer ou decidir: "Ok, o que preciso acrescentar à minha vida hoje que pode criar mais dinheiro? O que mais eu posso criar? Que outros fluxos de receita?".

Que outras ferramentas e perguntas você usou para alterar sua dívida e gerar dinheiro?

Perguntas são coisas valiosas. Você precisa fazer perguntas, porque o universo irá prover. Não é uma coisa linear. Para mim, cresci com isso como uma coisa linear, mas, assim que comecei a fazer perguntas, percebi que poderia pedir e começaria a aparecer. De certa forma, você precisa fazer o que fala. Pergunte: "o que se requer para que isso apareça?". E confie em você mesmo. Tenha confiança no universo que ele proverá. Porque foi o que aconteceu para mim. Eu sabia que minha vida mudaria e sabia que se fizesse perguntas e começasse a fazer escolhas diferentes, isso aconteceria. Eu não sabia como, mas deu certo.

Pergunte também: "O que eu odeio no dinheiro?", "O que eu amo em não ter dinheiro?". Pode ser desafiador porque você vai dizer: "Mas eu não odeio o dinheiro. Amo dinheiro, mas não tenho nada". Se você não tem nada, você não o ama. E isso foi algo sobre o que tive de ser brutalmente honesto comigo e dizer: "Uau, há qualquer coisa aqui que eu não amo em ter dinheiro". Então, pergunte a si mesmo e esteja disposto a olhar para isso e reconhecer: "Puxa, esse é um ponto de vista estranho. O que é necessário para eu mudar isso?".

Outra pergunta que você poderia fazer é: "O que não estou disposto a fazer por dinheiro?", porque muitas pessoas têm isso de que fariam isso e aquilo por dinheiro, mas se você deseja mesmo ter todo o dinheiro do mundo, criar tudo e ter tudo o que deseja, você precisa estar disposto a fazer o que quer que se requeira. E essa foi uma das coisas que aprendi. E outra coisa que enxerguei foi que preciso ter uma quantidade de demanda no meu mundo. Se eu for mudar minha vida assim, ter dinheiro desse jeito e ter tudo o que desejo, eu realmente vou precisar fazer o que se requeira. Uma coisa que vejo com muitas pessoas é que elas não estão dispostas a fazer o que se requer.

Então, falando sobre fazer o que se requer para criar algo... A primeira vez que você foi para os Estados Unidos foi de classe econômica. A primeira vez que você voou da Austrália para a Itália, o que é uma viagem e tanto, foi na classe econômica. E agora você está viajando em um jato particular. Já tinha pensado que isso pudesse ser possível?

Eu sempre soube que era possível. Mas o engraçado é que a primeira viagem que fiz aos Estados Unidos foi para um curso de 7 dias na Costa Rica. Eu tinha $ 10.000 guardados no banco. E pensava: "Eu vou para a América, vou viajar de classe executiva e vou para este curso", e estava olhando os bilhetes da classe executiva, que, ida e volta, custavam $ 6.000, então eu tinha o suficiente para comprar e fazer o curso. E pensei: "Legal". Então olhei para o bilhete e foi algo do tipo: "Por que escolheria isso? Tenho $ 10.000 no momento. Eu poderia comprar um bilhete de classe econômica por $ 1.000, fazer o curso e ainda teria $ 5.000 para fazer mais, ou criar mais ou ter um pouco mais de liberdade com dinheiro". Porque uma coisa que sei sobre o dinheiro é que, quando você tem, você tem mais liberdade para criar mais. Posso criar mais tendo do que não tendo. Então olhei e disse: "Uau. Isso é uma loucura!". Eu tinha um ponto de vista esquisito de que, se eu aparentasse ter dinheiro, ganharia mais dinheiro. Ou, se pudesse viajar com o bilhete da classe executiva, poderia agir como um rico em um voo de 13 horas, ou seja lá o que fosse. Daí, olhando para a situação foi assim: "Ok, preciso ser um pouco mais pragmático com a) a maneira de encarar o dinheiro e b) a maneira de gastar o dinheiro".

Então, na verdade você teve escolha. Você poderia ter escolhido gastar todo seu dinheiro e ainda assim você escolheu diferente.

Fiz muitas viagens na classe econômica quando comecei. Sabia que queria viajar na classe executiva e eu andava pelo avião e via as pessoas na classe executiva e eu não dizia: "Oh, olhe para aquelas pessoas; sabe, gente rica". Eu não era assim. Eu andava pelo avião e ficava assim: "Eu vou ter isso. Custe o que custar. O que se requer para ter isso?". E ia sentar no meu lugar e aproveitar o voo. Comecei a acumular milhas de diferentes companhias aéreas e a conseguir upgrades. E, então, fazia upgrades para a classe executiva e falava: "Isso é incrível! É assim que gostaria que minha vida fosse. O que se requer?". No fim das contas, foi isso, demandei, fiz perguntas, e foi o que precisou para isso começar a aparecer.

De onde você vê o dinheiro vindo? E como você o vê aparecendo? O que mudou para você nos últimos dois anos desde que mudou seu ponto de vista sobre o dinheiro?

Bem, o mais importante, como você acabou de dizer, é mudar seu ponto de vista sobre o dinheiro. Porque seu ponto de vista cria sua realidade. Direto. É isso aí. Se você tem o ponto de vista de que ganha $ 20 por hora e trabalha 40 horas por semana, isso dá $ 800, é tudo o que você vai ganhar. É isso. Se você diz que é o que tem, é assim que faz, então é isso. Porque, assim que chegar à conclusão de quanto dinheiro ganha, é assim que ele se mostra na sua vida. Mas se falar: "Certo, legal. Tenho um trabalho de 40 horas. Ganho $ 20 por hora. Isso dá $ 800 por semana. Fantástico. Esse é o meu arroz com feijão. Isso cobre meu aluguel, minha comida, o que for. Agora, o que mais é possível?. O que mais eu posso criar? Quais outros fluxos de receita que tenho?". E, mais uma vez, é uma pergunta. O tempo todo. Se você começar a fazer perguntas, se a primeira coisa de manhã, quando se levantar, for mudar seu ponto de vista e, em vez de "Eu tenho que ir para o trabalho", você funcionasse com "Impressionante. Eu vou trabalhar e o que mais é possível?". Eu garanto que, se você fizer essa pergunta e for sincero com o ponto de vista que tem, "você vai criar sua vida de um jeito diferente e vai criar seus diferentes fluxos de dinheiro, não importa o que se requeira", eu garanto que dentro de seis meses você terá uma realidade financeira diferente; eu garanto isso!

Quando o conheci, você era colocador de ladrilhos - um artesão, e tinha um negócio com alguém. Você pode falar um pouco mais sobre como conseguiu criar tantos fluxos de renda? O que vejo é que você cria na sua vida, e isso não tem fim; não dá para contar quantas fontes de receita você possui. Pode falar um pouco mais sobre isso?

Bem, a primeira coisa que vi foi que eu trabalhava pesado 5 dias por semana, ou 5 e meio, ou 6 dias por semana e, então, dizia algo do tipo: "Que legal, chegou o domingo" e deitava e assistia à TV, ou bebia cerveja ou qualquer outra coisa. Lembro que, quando a conheci, eu fazia a mesma coisa, mas chegou uma hora em que olhei para isso, comecei a olhar minha vida e a ver se eu tinha o suficiente, se realmente estava feliz com o que estava criando, e percebi que não estava. Eu estava saturado daquilo. Então, pensei: "Ok, o que mais posso acrescentar à minha vida?". e é isso que eu penso agora: eu realmente desejo ir e...? Temos dinheiro. Eu poderia ir para casa e literalmente relaxar. Eu poderia ir para casa e andar de jet ski e relaxar. Isso funcionaria para mim? Mas nunca mesmo. Eu preciso fazer várias coisas. Se estou criando minha vida, fico feliz. Se estiver sentado, não estou. É maravilhoso ir e andar de jet ski ou sei lá, mas não basta para mim. Sabia que ter um trabalho de 9h às 5h não era suficiente para mim. Sabia que sentar e beber cerveja no domingo não era suficiente para mim. Isso não quer dizer que não seja legal para você, mas se não for, então você precisa olhar para isso. A primeira pergunta é: "O que mais posso acrescentar à minha vida?". É o que eu olho todos os dias: "O que posso acrescentar à minha vida hoje?", ao invés de dizer: "Estou muito ocupado", ou

"Não consigo fazer mais nada". Isso é uma mentira. Siga em frente. E, quando chegar a: "Bem, estou muito ocupado", ou "Não quero fazer isso", pergunte: "Este é o meu ponto de vista? Ou é de outra pessoa?".

Uma coisa que acrescentamos às nossas vidas é um portfólio de ações da bolsa de valores. Qual era seu ponto de vista, no início, e o que você teve de mudar para criar um portfólio de ações bem-sucedido, muito bem-sucedido?

Bem, as ações me deixam empolgado porque há algo em ganhar dinheiro tão rápido que me empolga. Quer dizer, lembro quando fui ao TAB, quando eu tinha 11 ou 12 anos, que é um lugar de apostas na Austrália onde você vai e aposta dinheiro em cavalos. Meu pai me deu $1.000 em dinheiro e uma lista de cavalos em que ele gostaria que eu apostasse. Eu ia lá apostar e pegar os ganhos. Bem, ou ele perdia todo o dinheiro e, então, virava um idiota abusivo, ou ele me enviava de volta lá e eu pegava 3 ou 4 mil e eu ficava: "Oooh, isso foi fácil". Então, tive essa experiência de ganhar dinheiro rapidamente, que foi divertido para mim. E foi o mesmo com as ações: "Uau, você pode ganhar dinheiro tão rápido, literalmente, usando seu conhecimento?". E é isso que eu amo nas ações, é tipo: "Se comprarmos isso, vou ganhar dinheiro? Sim? Não? Sim? Sim? Ok, legal, vamos comprar". Bem, nós realmente tivemos esse portfólio de ações que foi tão bem, que acabamos vendendo um monte de ações e comprando uma casa no rio em Noosa, Queensland, o que não é um negócio barato.

Compramos essas ações; estavam bem baratas. Custava um centavo e compramos muitas. Bem, compramos quando na alta e compramos quando estava em baixa, mas compramos muito quando estava em baixa e, recentemente, subiu muito e sabíamos que subiria. Continuamos comprando e continuamos comprando. Todos ficavam dizendo: "Vocês estão loucos. Estão loucos. Vocês estão loucos". Nossos contadores nos diziam. Nossos amigos nos diziam. A família nos dizia: "Não façam isso. Vocês estão colocando todos os seus ovos em uma única cesta". O que fizemos? Continuamos comprando. Por quê? Porque sabíamos que iria subir. Então, o que quero dizer é: e se você fosse com o que você sabe para criar sua realidade financeira, em vez do que outras pessoas lhe dizem?

Então, você vai ao seu contador, por exemplo, e ele dirá: "Bem, você deve fazer isso porque é seguro", ou deve fazer isso ou deve fazer aquilo. O que você sabe sobre o dinheiro que ninguém mais sabe? Ou o que você sabe sobre o dinheiro que não está disposto a reconhecer? E se você se perguntar: "O que eu sei sobre o dinheiro que não estou disposto a reconhecer?". E... "Ok, então, o que eu preciso fazer para colocar isso em ação?". É como: "Ótimo! Universo, você me deu essa consciência sobre o que preciso saber sobre o dinheiro, e agora?". Pergunte: "O que se requer para que isso apareça?". "O que preciso fazer?". "Com quem preciso falar?". "O que preciso instituir para que isso se realize?". Você precisa fazer essas demandas de si mesmo. Isso é o que precisará fazer se quiser que sua vida mude.

Uma das coisas que o Access me ensinou é que eu sei coisas. Não penso nelas para saber de certas coisas. Não leio um livro para saber delas. Eu apenas sei. Assim, se estiver fazendo perguntas e peço: "Ok, o que sei aqui sobre isso?". E algo surge para mim: "Ok, legal", então, vou naquela direção. Ao invés de "Bem, ela disse para eu fazer isso, então vou fazer isso. Ou eles disseram para fazer isso, então vou fazer isso". Não. Faça perguntas às pessoas para obter informações, não respostas.

Brendon, estou muito grata por você ter se juntado a nós hoje. Há mais alguma coisa que você gostaria de acrescentar antes de terminar?

Outra coisa que gostaria de deixar é: o dinheiro segue a alegria. A alegria não segue o dinheiro. Se você está disposto a ter alegria em sua vida no que diz respeito a tudo, incluindo dinheiro, o dinheiro seguirá isso. Se estivesse fazendo uma festa e convidasse o dinheiro, e, então, dissesse que não haverá bebidas, não vai ter dança, não vão ter risadas, não será permitido se divertir, você acha que o dinheiro vai querer ir a essa festa? Então, e se a festa para a qual você estivesse convidando o dinheiro fosse assim: "Ei, vamos nos divertir juntos". Se o dinheiro fosse uma energia e você estivesse disposto a convidá-la para a diversão, você teria mais em sua vida ou menos?

ENTREVISTA COM GARY DOUGLAS

Transcrita do programa de rádio on-line Joy of Business, "Saindo das dívidas com alegria, com Gary Douglas", transmitido em 5 de setembro de 2016.

Gary, você é uma das pessoas mais inspiradoras que já encontrei pela maneira como você olha o dinheiro, o ponto de vista que teve sobre o dinheiro, o ponto de vista que você tem sobre o dinheiro agora, e o lugar em que está sempre disposto a mudá-lo e, claro, você é o fundador de Access Consciousness. Então, todas as ferramentas que falamos aqui vieram de você, e você ajudou não só a mim, mas centenas de milhares de pessoas a realmente mudarem seu ponto de vista sobre o dinheiro. Então, obrigada por isso.

Obrigado. E tive que mudar meus pontos de vista sobre o dinheiro de modo a poder recebê-lo.

Você pode nos contar um pouco sobre como você cresceu? Como era sua vida familiar? Você tinha dinheiro, você foi educado a respeito? Como era isso para você?

Cresci na época do programa de TV "Leave it to Beaver", que não era uma época de "transar muito". Ou seja, você podia falar sobre as coisas, mas não conseguia fazer muito. Cresci em uma família de classe média, média e média, na qual, quando um móvel ficava gasto, você se livrava dele e comprava um novo para substituir e punha exatamente no mesmo lugar e nada mudava; era sempre o mesmo. Você usava os tapetes até que aparecesse uma linha neles e depois trocava por um tapete novo. E eles não o giravam, não mudavam nem faziam qualquer coisa com eles;

tudo ia para o mesmo lugar e permanecia no mesmo lugar. E, quando eu estava crescendo, minha mãe disse uma vez na minha frente para outra pessoa: "Eu não acho que Gary terá dinheiro, porque ele vai dar tudo para seus amigos". Porque eu ganhava 50 centavos da minha mesada e ia comprar torta e coca-cola e coisas para meus amigos; naqueles dias, isso era realmente muito barato. Você podia comprar uma revista em quadrinhos por um níquel (cinco centavos). Então, isso dá uma ideia da diferença das coisas. Assim, 50 centavos era muito dinheiro naqueles dias. Eu pegava 50 centavos e ia gastar isso com torta e coca-cola para meus amigos e para mim também, e estava interessado em ter um bom momento. E minha mãe disse: "Você nunca terá mais dinheiro se não ficar sério, e continuar gastando seu dinheiro com outras pessoas". Eu dizia: "Mas é divertido!".

O que ela estava tentando ensiná-lo naquele momento? Era sobre economizar dinheiro?

Era sempre sobre economizar para um dia de chuva, mas ela e meu pai cresceram durante a época da depressão, então, do ponto de vista deles, você não deve gastar o dinheiro, deve cuidar do dinheiro que possui, sempre tem que cortar custos tanto quanto possível e nunca ultrapassar o limite de nada; você nunca escolhe nada mais grandioso do que isso. A parte engraçada sobre isso é que meu pai era um pouco jogador, então, em 1942, quando nasci, morávamos em um lugar chamado Pacific Beach, em San Diego, e logo ali, subindo a estrada, tinha um pequeno vilarejo chamado La Hoyer; que é agora uma das áreas mais caras de San Diego. Meu pai teve a chance de comprar uma quadra no que é agora o centro de La Hoyer por $ 600. Eles tinham $ 600 em suas economias, mas minha mãe não permitiu que ele fizesse isso. Minha mãe sempre dizia: "Não, não. Você deve esperar até ter mais dinheiro". E sempre foi sobre esperar, por tudo. E ela acreditava que você precisava esperar antes de criar.

E o que era um jantar típico na casa dos Douglas: era permitido falar de dinheiro na mesa do jantar?

Não, não. Não se podia falar sobre dinheiro. Que grosseria! Não se fala sobre dinheiro. A parte engraçada disso é que entre as pessoas que têm dinheiro, o ponto de vista é: "Você não pode falar sobre dinheiro porque é rude", certo? Por que é grosseiro se você é pobre, ou rude se você é rico? Não entendo. Nenhum deles é bom. Era tão interessante observar minha família fazer isso. Minha mãe fazia saladas para nós... colocava um pedaço de folha de alface no fundo do prato e depois punha uma fatia de abacaxi, mas cortava cada fatia em pedacinhos e apertava-os bem junto, daí colocava uma colherada de maionese e, então, salpicava umas tiras de queijo em cima, e essa era a nossa salada. E pegava uma lata com três fatias de abacaxi e então fazia quatro saladas com isso, retirando um pedaço das outras três fatias para garantir que houvesse quatro saladas, para que tivéssemos algo para comer. Eu ficava perguntando: "Por quê?". E, aí, ela me alimentava com coisas como brócolis e eu dizia: "Mas, eu não quero isso". E ela: "Existem crianças chinesas passando fome. Você vai comer cada pedaço". E eu falava: "Posso mandar isso para elas?". E levei uma surra por essa!

Quando você estava crescendo e estava cercado por essa energia de "ter segurança" - você disse que seus pais viveram na época da depressão -, com tudo isso acontecendo ao seu redor, houve algum lugar onde você comprou ponto de vista deles? Ou sempre soube que era diferente? Como foi para você?

Uma das coisas sempre bem interessantes era que passeávamos e, na época de Natal, íamos ao bairro das pessoas ricas da cidade e olhávamos suas belas árvores de Natal; através das janelas panorâmicas e elas tinham árvores fabulosas. E íamos olhá-las. Hoje olham-se as luzes que as pessoas colocam nas casas. E se diz: "Uau. É incrível que possam fazer isso". Eu dizia: "Podemos ter uma árvore como essa? Podemos ter uma casa como essa?". E eles respondiam: "Não, querido. Essas pessoas ricas não são felizes mesmo assim". Pensava comigo: "Posso tentar?".

Então, o consenso geral quando você cresceu era que a felicidade não se tratava de ter dinheiro?

Ah, o dinheiro não trazia felicidade. Sabe, minha mãe dizia: "O dinheiro não compra a felicidade". Eu dizia: "O que ele compra?". Eu gostaria de descobrir o que posso comprar. E ela dizia: "Você não pode pagar isso. Você não pode pagar. Você não pode pagar". Tudo se tratava do que não podíamos pagar. Não dizia respeito ao que podíamos pagar. E para diversão, porque meus pais eram tão pobres, a diversão era sair e ficar olhando para casas ricas nos sábados e domingos; casas abertas a visitação. Eu entrava em uma casa e falava: "Ah, eu amo esta casa. Podemos ter essa?". "Não". "Eu amo esta casa. Podemos ter essa...?". "Não". "Eu amo esta...". "Não". Por que estamos olhando essas coisas? Se você não pode ter, por que está ali para isso? E meu ponto de vista tornou-se: por que olhar o que você não pode ter, a menos que possa descobrir uma maneira de poder ter?

Você nasceu com seu próprio ponto de vista sobre o dinheiro? Quando começou a mudar seu ponto de vista sobre o dinheiro e soube que era diferente?

Bem, número um, percebi: "não quero viver assim". Tinha uma tia rica e ela morava em Santa Bárbara e costumávamos visitá-la. Ela possuía porcelana fina, copos de cristal e talheres de prata pura. E tudo isso era normal para ela. Em vez de ir à loja e comprar alguns doces que custavam $ 1,79, ela ia à padaria e pegava seis doces por $ 6. E eu falava: "Oh, meu Deus. Eu quero viver assim!". Ela ouvia ópera e tinha tanta elegância de viver. Eu demandei. "Quer saber? Eu quero ter esse tipo de vida. Essa é a maneira que quero viver. Quero ter música bonita. Eu quero morar em lugares bonitos. Quero comer em coisas bonitas. Eu quero ter móveis bonitos". Na minha família, se não fosse útil, você não precisava ter.

Sempre fiquei perplexo com as coisas com que meus pais nunca estavam dispostos a gastar dinheiro. Quando era pequeno, era comum as sessões duplas de cinema, eles me mandavam ao cinema por 25 centavos e isso era como uma babá para eles, para que pudessem passar um bom tempo sem mim. E me mandavam, com a minha irmãzinha, sozinho, para uma sessão dupla de cowboy western. E nós dois podíamos comprar um saco pequeno de pipoca e uma coca-cola pequena, porque isso era tudo o que podíamos pagar. Para guloseimas especiais, pegávamos 10 centavos extras, para podermos comprar balinhas de menta uma vez por mês.

Quando sua mãe mencionou que você nunca teria dinheiro porque gastava com seus amigos, percebi que era [não tanto sobre gastar dinheiro e] mais sobre a generosidade de espírito que você tem... você sempre vai presentear qualquer coisa que puder. Você não tem limites com isso. Qual a importância, para você, da generosidade de espírito para alguém realmente criar mais dinheiro em sua vida? Qual é o efeito disso?

Uma das coisas que notei é, quando eu dava a torta e a coca aos meus amigos - provavelmente por causa do açúcar -, eles ficavam mais felizes, número um, mas número dois: eles sempre me dariam coisas que tinham em suas casas que pensavam que eu pudesse gostar. Na época, eu estava totalmente apaixonado por quadrinhos. Então, eles sempre me davam as revistas em quadrinhos que já haviam lido. Então, não tinha que gastar dinheiro com quadrinhos. Conseguia as revistas em quadrinhos. Eu lhes dava uma torta e eles me davam histórias em quadrinhos, e acabei tendo mais revistas em quadrinhos do que teria conseguido se gastasse todo meu dinheiro nisso, em vez de gastá-lo na torta.

Gary, uma coisa que você fala em Access é a diferença entre dar e pegar e presentear e receber. Você pode falar um pouco mais sobre isso?

Percebi que, se você realmente dá algo de presente sem nenhuma expectativa de nada, então as coisas vêm para você de lugares estranhos de outras maneiras. Uma das coisas que notei, quando eu dava torta aos meus amigos, é que eu ganhava coisas deles, mas também ganhava presentes de outras pessoas. Ou seja, eu tinha vizinhos - levando em consideração que eu provavelmente era muito fofo, o que eu era mesmo - que me davam presentes especiais o tempo todo. Eu fazia coisas para eles: quando enviavam correspondência para a nossa casa em vez da casa deles, eu levava para eles, coisas assim. Eles sempre estavam me dando pequenos presentes porque eu era muito generoso com meu tempo, minha energia e meu sorriso. Era tudo que eu tinha que dar nesses dias; eu era pequeno, sabe? Tinha 8, 9 anos de idade. Você não tem muito mais para dar além disso. E, então, se você dava o que dava porque era o que tinha para dar, as pessoas lhe dão mais do que você receberia se não fizesse isso, e comecei a perceber que existia algo mais além do ponto de vista dos meus pais.

As únicas vezes em que via meu pai - que sempre foi generoso - se preocupar era quando havia alguém que não tinha o que comer. Ele sempre lhes dava comida, apesar de agirmos como se não tivéssemos comida. Mas, em nossa casa, sempre havia sobremesa. Sempre havia carne, batata, uma salada e uma sobremesa; e era isso em todas as refeições. Minha mãe cresceu em uma fazenda, então essa era sua perspectiva sobre a vida.

Meu pai cresceu sem pai, pois o pai tinha deixado sua mãe. Ele saía com uma arma - encontrou uma maneira de comprar um 22 -, então, ele pegava essa arma e ia atirar em coelhos para alimentar toda a família. E seu pai tinha deixado a esposa e 6 filhos sem nada para se sustentarem e, então, ele odiava o pai. Ele saiu e trabalhou até a morte, basicamente, e fez isso para que não ficássemos sem comida ou para que não sofrêssemos. Eu achava bem surpreendente porque meu tio foi para a faculdade, minha tia foi para a faculdade, mas meu pai não foi. Ele ficava tão ocupado alimentando a família que nunca estudou. Ficava exausto no final do dia. Ele foi um grande atleta e se dava muito bem nesse tipo de coisa, mas nunca aprendeu a criar dinheiro. De seu pai, a única coisa que recebeu foi a consciência de que você precisa cuidar de sua família e você deve alimentar as pessoas. E essa era a soma total do seu ponto de vista sobre o dinheiro.

Então, eu meio que fiquei com esse ponto de vista e, quando tive uma família, era o que eu mais queria fazer. Mas também percebi: "Espere um minuto, consegui criar mais dinheiro estando disposto a ser generoso". E vi meu pai ser generoso com pessoas que não tinham nada e assisti essas pessoas voltarem com presentes de bondade, doçura e amor que não vi em outros lugares. Meus pais eram realmente notáveis. Sou muito agradecido pelo fato de tê-los como pais. Minha mãe era gentil. Meu pai era gentil. Nunca fizeram nada terrível conosco. Nunca nos espancaram; acho que apanhei de cinta umas 3 vezes na vida. Eles tentaram cuidar de nós e tentaram fazer o melhor que podiam para nós, e queriam que tivéssemos uma vida boa. E isso é uma coisa que percebi, que poucas pessoas percebem sobre seus pais. As pessoas costumam olhar o que seus pais não deram. Não olham o que seus pais realmente deram. E eu realmente entendi que meus pais estavam fazendo o melhor que podiam com o que tinham. Então, quando ia para a casa da minha tia, eu dizia: "Eu quero viver assim. Custe o que custar, eu vou viver assim".

Uma das coisas que vejo é que as pessoas continuamente compram o ponto de vista que seus pais/avós - as pessoas com quem cresceram - possuíam em relação ao dinheiro, ao invés de realmente fazer algumas perguntas sobre o que a sua realidade financeira poderia ser. Posso ver como você abraçou o que eles lhe deram e, ainda assim, você criou seu próprio ponto de vista; você criou sua própria perspectiva a respeito do dinheiro.

Bem, logo cedo comecei a fazer perguntas. "Como é que não posso ter isso?". "Por quê? Por quê? Por quê?". Como minha mãe costumava dizer: "Você podia parar de fazer perguntas?". "Certo. Por que não podemos...?". Eu podia ficar quieto por cerca de 10 segundos e meio.

Nada mudou. Ainda sou assim. Estou sempre fazendo perguntas. E estava sempre fazendo perguntas na época, porque olhava para as coisas e perguntava: "Por que é assim?". Via meus amigos dizerem: "Bem, você não pode ter isso. Você não pode fazer isso". E eu dizia: "Por quê?". E eles: "Bem, porque não pode". E eu perguntava: "Por que não? Tudo o que deve fazer é fazer isso; eu fiz assim". E eles diziam: "Sim, mas você não pode fazer isso".

"Por que não?", perguntava. Cresci na época em que questionar a autoridade era grande coisa. Mas havia crescido em um tempo em que era ainda maior onde eu questionava tudo.

Quais são algumas das ferramentas pragmáticas e práticas que você poderia dar às pessoas; quaisquer perguntas, perguntas ou ferramentas favoritas para começarem a criar sua própria perspectiva quanto ao dinheiro?

Bem, uma das primeiras que criei comigo mesmo quando era criança foi: "Tudo bem. O que eu vou ter que fazer para conseguir o dinheiro de que preciso?". Comecei a perguntar isso. A única coisa que posso pensar foi que meus pais devem ter tentado instilar em mim uma ética de trabalho, porque ambos trabalhavam constantemente. Então, eu disse: "O que posso fazer para ganhar dinheiro?". E foi como: "Ok. Você pode cortar a grama". Eu não era muito grande, era um garoto magro, mirrado e ia aos vizinhos e perguntava: "Posso cortar seu gramado?". E eles diziam: "Claro. Quanto você vai me cobrar?". "O que você puder pagar". E alguns deles me pagavam um dólar e alguns me pagavam 50 centavos. E aí eu achava: "Oba, tenho 50 centavos. Oba, eu tenho um dólar". Nunca olhava para o que deveria ter conseguido. Não tinha essa realidade conclusiva que a maioria das pessoas têm: deveria ter ganhado mais, poderia ter conseguido mais, preciso de mais. Eu dizia: "Ok, eu tenho isso. E agora?".

Então, com a gratidão vem mais?

Isso. Fiquei grato pelo fato de ter conseguido as coisas e percebia essa gratidão quando dava a torta a meus amigos; havia uma gratidão neles que contribuiu com energia para mim e meu corpo que não sentia em outros momentos. E não sentia isso quando via pessoas trabalhando e fazendo coisas, e eu realmente queria isso.

Outra coisa que você fala, que adoraria saber suas reflexões a respeito, é usar dinheiro para expandir as realidades das pessoas. Quando foi a primeira vez que teve consciência disso?

Bem, isso aconteceu bem mais tarde na minha vida, porque, literalmente, passei da fase de "Oh, sim, sou um hippie e não tenho dinheiro" para "Ok, vou virar um traficante de drogas e vou ter dinheiro". Então, plantei maconha e consegui muito dinheiro, mas isso também não me deixou mais feliz. Notei que as pessoas que eu conhecia que lidavam com drogas acabavam na prisão, então pensei: "Quer saber de uma coisa, não quero acabar nessa. Acho que vou parar com isso". Trabalhei para várias pessoas e fiz tudo o que podia para fazer as coisas direito, fazer tudo certo, e sempre que eu era generoso, de uma forma estranha algo magnífico acontecia em minha vida. Lembro que tinha uns vinte e poucos anos e fui trabalhar para uma escola de equitação e estava montando cavalos. Havia uma moça que era tão rica quanto Deus, ela possuía um lindo cavalo puro-sangue, que ela exibia, era elegante e dirigia um carro muito bonito. Eu ganhava cinco dólares por dia, mais alojamento e alimentação. Então, ela estava em frente da cocheira de seu cavalo, sentada em uma caixa de madeira chorando e perguntei: "O que foi?". "Estou quebrada. Não tenho dinheiro. Estou com tão pouco dinheiro, não sei o que vou fazer". Eu disse: "Bem, quer jantar comigo?". Então eu a levei para jantar; estávamos sentados lá e o jantar foi $ 25 - cinco dias de trabalho para mim. Ela se levantou para ir ao banheiro e seu talão de cheques caiu pra fora da bolsa, no chão, e ficou aberto mostrando que ela tinha $ 47.000 na conta corrente.

Eu disse: "Merda! Espere um minuto. Sua ideia de estar quebrada é ter menos que $ 50.000". Depois de um tempo, conversamos e eu disse: "Então, vi seu talão de cheque. O que faz você achar que está quebrada?". "Sempre que estou com menos de $ 50.000, sei que estou quebrada. Eu tenho que ter $ 50.000 ou estou quebrada". Eu disse: "Bem, isso é legal". E percebi que, para mim, se eu estivesse $ 100 negativo, estava quebrado.

Então, todos têm uma perspectiva diferente.

Isso.

O livro que você escreveu com o Dr. Dain Heer: "Dinheiro não é o problema, você é" - todas as ferramentas nesse livro literalmente me tiraram das dívidas, porque comecei a mudar meu ponto de vista sobre o dinheiro. Uma coisa que vejo que é tão imperativo é que você precisa mudar seu ponto de vista. Precisa mudar a forma como enxerga o dinheiro, como você é com o dinheiro e como começar a se educar sobre o dinheiro.

Essa era a parte mais importante. Lá estava eu com essa moça que tinha $ 47.000 e um cavalo de $ 20.000, enquanto eu não podia comprar quase nada, tinha de morar em um quarto em uma casa do clube e ganhava $ 5 por dia, mas estava fazendo o que amava. Percebi que ela estava gastando muito dinheiro para fazer o que amava. Eu estava ganhando pouco dinheiro para fazer o que amava. Eu disse: "Ok, então, o que se requer para ter uma realidade diferente?". Comecei a questionar: "Como seria ter uma realidade diferente?". Eu queria ser como ela, criando meu dinheiro para poder gastar muito dinheiro para me divertir. Queria me divertir, mas também gostaria de ganhar dinheiro. Foi aí que as coisas começaram a mudar para mim. Eu fiz uma demanda: "Ok, quer saber? Isso tem que mudar". E isso que acho que é o mais importante que você tem que fazer: olhar para sua situação e demandar: "Ok, chega! Isso tem que mudar". E apenas se posicionando para você mesmo, porque é isso mesmo; uma tomada de posição para si mesmo. Apenas tomando esse ponto de vista; e foi o que você fez, Simone, quando disse: "Basta. Vou sair dessa dívida". É assim, você toma uma posição para si mesmo e, então, o mundo começa a se ajustar ao que você precisa. É extraordinário.

Então, eu o ouvi quando você falou que o mundo começa a se ajustar. E essa foi uma das coisas que escutei, quando comecei, e disse: "Não tenho ideia do que você está falando". Para alguém que escuta isso pela primeira vez, você pode falar mais sobre "o mundo começar a se ajustar"?

Bem, o Dr. Dain Heer e eu compramos um rancho recentemente. Eu fui para o Japão e comi Kobe beef pela primeira vez e eu disse: "Oh, eu preciso ter mais disso. Como faço para conseguir mais?". E alguém disse que eles apenas criam esse tipo de carne no Japão. Então, descobri que existia em alguns países como a Austrália, e perguntei: "Gostaria de saber se posso criá-los nos Estados Unidos?". Então, pedi para um amigo procurar na internet. Ele encontrou um lugar nos Estados Unidos onde havia isso e encontrou sete vacas para mim. E eu disse: "Uau, eu adoraria ter essas vacas. São tão bonitas". E são lindas vacas negras. São amáveis e gentis e são criaturas incríveis; eu meio que odeio comê-las.

Pedi para um cara ir comprar aquelas vacas. Cinco dias depois, ele me ligou e disse: "Acabei de encontrar sete dessas vacas"; e eu havia acabado de comprar sete. "Mais sete vacas por apenas $ 6.500". E falei: "Isso dá menos de $ 1.000 por vaca. Vou levá-las".

O que eu vejo com isso, Gary, é que você está criando continuamente. Você não está olhando para as riquezas ou a abundância que está criando, está olhando para o que você pode criar.

Isso. E imaginei, na pior das hipóteses, eu posso comer por 8 anos. Sabe, tenho 8 anos de gado vivo...

Muitas pessoas não pensam que podem ter riquezas, não pensam que possam ter abundância. Já ouvi falar sobre quando você teve que viver em um quarto muito, muito pequeno com seu filho e não comia nada além de flocos de milho.

Não era um quarto. Era um armário. Eu morava em um armário, literalmente, na casa de alguém, com meu filho dormindo ao meu lado em um colchonete de espuma. Minhas roupas ficavam penduradas em uma ponta do armário, eu morava na outra ponta, não tinha dinheiro e tudo que podia pagar era por flocos de milho e leite; porque isso, de todo modo, era tudo que meu filho comia naquela época. Eu pagava $ 50 por semana para viver no armário dessas pessoas.

E então que tipo de demandas você fez a si mesmo?

Eu disse: "Quer saber? Basta. Não voltarei a viver assim novamente; nunca mais. Não me importa o que se requer. Vou fazer dinheiro. Vou ganhar dinheiro". Logo depois disso, tudo mudou. Sempre amei antiguidades, eu tinha ido a uma loja de antiguidades para vender algo que possuía. E eu disse: "Uau, sua loja tem algumas coisas fantásticas, mas você precisa muito rearrumar". A mulher olhou para mim e falou: "Conhece alguém que possa fazer isso?". Eu disse: "Conheço, sim. Eu". "Quanto você cobra?". Hummmmm... "$ 25 por hora". Isso era muito mais do que estava ganhando no momento, e por que não? Ela disse: "Vou pagar $ 35 se você fizer um bom trabalho". "Fechado". Então, entrei lá e reorganizei a loja e, no dia seguinte, ela vendeu cinco coisas que estavam na loja há dois anos. Foram compradas por duas pessoas que já tinham ido à loja dela várias vezes nesses dois anos. E elas falaram: "Oh, isso é novo?". Eu disse: "Sim!". E elas disseram: "Oh, acho que isso ficaria perfeito na minha casa". O que aprendi sobre publicidade é que você precisa mudar as coisas de lugar, para que as pessoas as vejam diferentes. Porque a luz diferente criará um efeito diferente nelas. E olhe para a sua vida dessa maneira: "O que devo mudar de lugar na minha vida para criar mais; para me vender melhor, para criar mais dinheiro, para ter mais possibilidades na vida?". É incrível ver isso acontecer quando você finalmente começa a fazer as perguntas: "Como posso me arrumar e arrumar minha vida de modo que eu aparente diferente para pessoas diferentes que vão querer comprar o que tenho a oferecer e ouvir o que tenho a dizer?".

Então, novamente, é como mudar seu ponto de vista sobre o dinheiro, continuamente. E também fazer o que você ama. Porque você ama trabalhar com antiguidades. É como se você provavelmente tivesse feito esse trabalho de graça.

Bem, havia feito isso de graça e é por isso que sabia que podia fazer.

Durante toda a sua vida, é óbvio que você ganhou diferentes quantias de dinheiro. Eu vejo muitas pessoas assim: "Oooh, agora eu tenho minha casa – marcado com um tique", e assinalam com um tique naquela caixa. Ou: "Eu tenho um carro", e assinalam com um tique naquela caixa, e elas parecem parar de criar. O que você pode dizer às pessoas ou quais ferramentas você pode dar às pessoas para que não tenham esse limite?

A coisa principal é você olhar se tem um objetivo ou um alvo. Algo que descobri há muito tempo é que a palavra "objetivo" significava prisão. Se você estabelece um objetivo, alcança-o e não reconhece isso, então o que acontece é que você volta para trás, de modo a poder alcançar o objetivo que pensa que não conseguiu ainda. Assim, eu falei: "Espere um minuto. Não vou ter objetivos. Terei alvos". Então, eu mirava um alvo e, assim que eu alcançasse o alvo, sempre poderia lançar outra flecha e acertar na mosca novamente. E para mim, era assim: "Eu quero ser capaz de mudar constantemente". Mudar é a coisa mais importante para mim na vida e, sem mudanças, não há criação. Se você realmente quer criar sua vida, comece a mudar.

E com essa mudança, quando você está em um lugar de mudança contínua, o dinheiro aparece. A abundância aparece.

Eu sei. É estranho.

Você pode explicar qual a diferença entre abundância e riqueza?

Abundância é acumular as coisas que outras pessoas vão comprar de você por alguma quantia em dinheiro. Riqueza é quando você tem o suficiente para gastar no que quiser.

Se realmente quer ter abundância, deve se cercar de coisas que valerão mais, não importa o quê. Se quer riqueza, quer apenas o suficiente para poder gastar e comprar o que você decidiu que quer. Todos que conheço, que buscaram riquezas, compram todas essas coisas e, de repente, não têm desejo por mais, porque na verdade não estão tentando criar abundância, estão tentando criar riquezas.

Uma vez que você reconhece: "Espere um minuto, abundância inclui coisas que são valiosas para os outros. O que é valioso para os outros, que lhe pagariam por isso?". E quando você tem isso em sua vida, em todos os lugares em que você anda, tudo o que faz é sobre a abundância da vida e não sobre as riquezas que você pode gastar.

Então, fazer a vida não se tratar apenas de dinheiro é, na verdade, fazê-la se tratar do que estamos falando; a generosidade de espírito, a criatividade, a disposição de receber, a disposição de presentear?

E permitir-se ser generoso com você mesmo. Porque a maioria de nós não é generosa consigo mesma. Sempre que você se julga, não está sendo generoso com você. Sempre que se vê como errado em algum aspecto, não está sendo generoso com você. Você quer ser generoso com você mesmo. E isso não se trata de quanto dinheiro gasta com você mesmo; trata-se do quanto você cuida bem de você mesmo.

A maioria de nós pensa que temos um problema com algo, mas não temos. É o que inventamos para nos manter fazendo o que está nos limitando e nos manter no lugar em que estamos. E essa é uma das coisas que percebi sobre a minha família, eles queriam se manter no mesmo lugar. Possuíam uma pequena casa e tudo dava para controlar. Era tudo sobre esse controle. Eu queria estar um pouco fora de controle. Eu queria estar fazendo algo diferente. E, então, comecei a criar diferença bem novo, e foi uma mudança muito surpreendente na vida perceber que poderia ter algo diferente e poderia escolher algo diferente. E o fiz.

Percebo que se deve olhar para as coisas de um modo diferente, e uma das coisas para se olhar é: "O que está certo sobre isso e o que está certo em mim que não estou percebendo?".

Por exemplo, outro dia, quando estávamos andando a cavalo, alguém correu atrás de seu cavalo, ele se assustou, e lhe perguntei hoje: posso dar-lhe algumas informações sobre o que aconteceu ali? E disse: "Olha, você deve perceber que os cavalos têm o ponto de vista de que, quando outro cavalo estiver correndo atrás deles, eles serão obrigados a correr também. Então, começam a se preparar para isso. Você montou seu cavalo, você o controlou e ele não disparou. Percebe que isso não é um erro? Isso é um brilho de habilidade? Porque a maioria dos cavalos tenta correr porque os outros cavalos estão correndo. Você não o deixou correr. Você o manteve sob controle". Fez um trabalho brilhante e, então, ficou abalada e sentiu que não era boa e desmontou.

Falando com você hoje e assistindo você montar, eu podia sentir seu receio ao montá-lo, como se ele pudesse fazer algo parecido. Mas quero que compreenda que você realmente fez um belo trabalho com esse animal. O que acontece com as pessoas que cuidam de cavalos é que raramente dizem que você fez um bom trabalho. Você sabe, eu amo os cavalos, mas não gosto de pessoas que cuidam de cavalos, porque a maioria delas não lhe diz nada de bom sobre o que você faz, elas lhe dizem o que você faz de errado. E eu disse: "O que você tem que perceber é que aquilo foi brilhante". E você o montou, ficou firme nele. Você não ia cair. Nada ia acontecer. O garoto a ama tanto que ele cuida de você. Você pede a ele, quando o monta, para cuidar de você, e ele sempre cuidará.

Estou tão agradecida por você falar comigo sobre isso. Percebi que frequentemente não avançamos, não demandamos mais de nós mesmos. Em vez disso, nós desmontamos do cavalo e falamos: "tudo bem".

Você "desmonta" do seu negócio.

Você "desmonta" do seu negócio. Você para de criar dinheiro. Por quê? Você perdeu dinheiro? Algo aconteceu e você está no vermelho; sua conta está negativa? E daí? E se agora for a hora de mudar isso?

Declarei falência quatro vezes e, você sabe, odiei isso. Mas decidi: "Basta". E o verdadeiro ponto de virada da minha situação financeira na vida foi quando eu tinha 55 anos e tive que pedir dinheiro emprestado da minha mãe para evitar perder minha casa. E, antes disso, tinha deixado minhas esposas cuidarem do dinheiro e, então, eu disse: "Basta. Nunca mais vou ter que pedir dinheiro emprestado à minha mãe. Isso é ridículo. Eu sou muito velho para ter essa realidade". E fui trabalhar, comecei a criar dinheiro, e tenho criado dinheiro desde então. Tem sido fenomenal. E não vou esperar. Eu sempre vou criar. Ficava esperando minhas esposas e ficava esperando meus parceiros e ficava esperando que todos entregassem algo. Não espero mais ninguém agora. Vou lá e faço o trabalho, agora, para mim. Porque eu me honro. Adivinha por que você precisa se honrar? Quando você faz isso, não olha o que fez errado, mas o que fez certo. Sempre pergunte: "O que está certo sobre mim e o que está certo sobre isso que não estou percebendo?". E você mudará sua vida; não é difícil.

Mesmo quando eu [Simone] estava com dívidas, ainda criava e você nunca poderia dizer que eu não tinha dinheiro. E agora que eu tenho dinheiro, é uma energia muito, muito diferente. Você pode falar sobre a energia que mudou para você quando você realmente teve dinheiro e tem dinheiro e o que isso cria para você? E para o planeta?

Sim. Adoro isso aqui na Costa Rica. E tenho cavalos aqui e comprei cavalos aqui. Cheguei a um ponto em que percebi que, cada vez que estava interessado em um cavalo, seu valor dobrava. Era sempre o dobro do preço se eu gostasse. Aí eu ficava tentando fazer outras pessoas comprarem por mim, mas nunca deu certo. Uma dessas pessoas, Claudia, que faz muitas coisas para nós na comunidade hispânica, disse-me: "Você tem noção de que você é rico?". Eu disse: "Eu não sou rico". Ela disse: "Você é rico". E eu: "Não sou rico! Eu não tenho milhões de dólares no banco". "Você é rico". E observei: "Ah, eu ganho muito dinheiro, isso me faz rico aos olhos de outras pessoas". É como a moça que tinha $ 47.000 e eu tinha $ 5 por dia. Sua ideia de rico e minha ideia de rico eram diferentes. Não está errado. Apenas diferente. Você precisa perguntar: "O que posso mudar aqui? E se eu posso mudar isso, como crio minha vida diferente?".

Obrigado por essa pergunta. Temos mais um minuto, há algo mais que você gostaria de dizer às pessoas lá fora no mundo?

Vão e criem. Não esperem.

Se você segurar o dinheiro com muita força, você vai perdê-lo. É a garantia de perder. Você não pode segurar o dinheiro, só pode criar com ele. O dinheiro é uma força criativa no mundo, não uma força contínua no mundo.

ENTREVISTA COM O DR. DAIN HEER

Transcrita do programa de rádio on-line Joy of Business, "Saindo das dívidas com alegria, com Dr. Dain Heer", transmitido em 12 de setembro de 2016.

Então, a ideia aqui é que eu queria que as pessoas realmente percebessem que não fui apenas eu, Simone, que estava com dívidas e usei as ferramentas de Access Consciousness e as coisas mudaram. Há muitas pessoas que mudaram seu ponto de vista em torno do dinheiro e mudaram sua situação com dinheiro, incluindo você mesmo, Dain.

Eu tenho que dizer, que desde que a conheci, tê-la como a coordenadora mundial de que Access Consciousness, quando comecei a me tornar um cocriador de Access, foi tão interessante para mim observar que você realmente gostava do que estava fazendo. Cresci em um negócio familiar e eles odiavam isso, odiavam negócios. Eles, realmente, odiavam dinheiro, exceto meu avô, que tinha criado o negócio. Deixei essa experiência com alguns pontos de vista fixos realmente estranhos.

Gostaria de começar justamente pelo que você estava falando. Como você cresceu em relação ao dinheiro? Você era rico, pobre? Enquanto crescia qual era sua situação em relação ao dinheiro?

A maior parte do tempo enquanto jovem - dos anos de formação até cerca de 10 anos -, eu na verdade vivi no gueto com minha mãe. Quando digo "gueto", vamos colocar desta maneira - a quantidade de dinheiro que tínhamos era assim: uma vez o vaso sanitário quebrou e tivemos de esperar quase um mês para chamar um encanador porque não podíamos pagar e eu não vou dizer o que fizemos enquanto isso. Vamos apenas dizer que esvaziávamos, no quintal todas as manhãs, o que deveríamos ter deixado na privada. Ei, voltando aos velhos tempos. Talvez fosse como o nosso castelo, eu não sei! Então, havia isso e, do outro lado, eu tinha uma família que realmente tinha dinheiro, que era rica, mas nunca contribuía. Eles nunca davam nada para mim ou para minha mãe para facilitar nossa vida. Assim, isso configurou esses pontos de vista realmente estranhos em torno do dinheiro.

Você foi educado sobre o dinheiro? Você tinha dinheiro? Podia falar sobre dinheiro?

Na verdade, comecei a trabalhar desde os 11 anos. Trabalhei no negócio do meu avô, trabalhei no armazém. O que um garoto de 11 anos pode fazer? Tudo! Quer dizer, eu apenas organizava o lugar. Ajudava a limpar. Fazia o que era necessário. Foi uma experiência excelente e incrível, e o que aconteceu foi que trabalhei todo o verão e ganhei várias centenas de dólares. E fiquei tão animado que carregava isso comigo em todos os lugares que ia. Eu deixava na minha bolsa. Estávamos indo para o rio onde minha família – meu pai e minha madrasta – passava as férias e minha madrasta viu. Ela viu esses milhares de dólares, porque eu descontava meus cheques, mantinha as notas em dinheiro e dizia: "Isso é incrível!". Eu não gastava porque adorava ter dinheiro. E ela foi até a minha mochila, pegou o dinheiro e disse: "Uma criança tão jovem não deveria ter dinheiro". Eu tinha 11 ou 12 na época e isso tolheu minha vontade de ter dinheiro, daquele ponto em diante. Quer dizer, obviamente mudei depois, graças a Deus.

Mas, isso criou um lugar no meu mundo que me deixava realmente em conflito e confuso sobre o dinheiro, como se eu não devesse ter dinheiro. Como se fosse uma coisa ruim. Foi um daqueles momentos que definiriam a minha vida, em que o dinheiro tornou-se realmente algo esquisito para mim. Antes, era fácil. Era como: "Sim, vou trabalhar". E, literalmente, eu estava trabalhando, não conte a ninguém, mas eu estava trabalhando provavelmente 30 horas por semana aos 11 anos. Foi com o meu avô, de modo que foi aceitável e tudo isso. Mas existia muita confusão no meu mundo em torno do dinheiro. E, então, quando cheguei à adolescência, minha família que tinha dinheiro e o negócio familiar fez o negócio falir porque eles não estavam dispostos a olhar para o futuro e escolher de modo a criar o futuro.

Meu avô, que havia criado o negócio, estava ficando cansado. Ele também estava cansado de sustentar meu tio e meu pai, que basicamente pensavam ter direito a qualquer dinheiro que ele tivesse. E, então, o negócio acabou, literalmente. E é interessante, porque ambos os lados da minha família, o lado pobre, que cresceu praticamente em trailers, em diferentes partes do mundo, e o lado "rico" foram definidos pelo dinheiro. Quando o negócio do meu avô acabou e o dinheiro estava perdido, nossa! Foi o maior trauma e drama que você pode imaginar. E continuou por anos! Eles perderam todo o dinheiro, não podiam criar mais dinheiro, não podiam criar o negócio que queriam... Pense em uma confusão completa.

Você pode falar um pouco sobre a confusão? Ainda vejo que, não importa o que o tenha confundido, você ainda conseguiu criar sua própria realidade em torno do dinheiro.

Acho que muitos de nós realmente temos nossa própria realidade em torno do dinheiro, que é diferente da nossa família, que é diferente de onde crescemos, que é diferente dos nossos namorados e namoradas, maridos e esposas, das pessoas com quem crescemos e dos nossos amigos. Mas nunca paramos um momento para reconhecer isso. Reconhecer a diferença e também a grandeza disso. E isso para mim é enorme. Eu sempre estava disposto a fazer o que for necessário para criar o que queria. Eu estava disposto a trabalhar tão duro quanto precisasse ou tanto quanto precisasse. E, desse modo, finalmente encontrei... E você e eu estamos nesta jornada juntos, e sei que você viu muitos dos lugares onde meus caminhos levaram a criar limitação... mas é interessante ver, agora, que estou na minha própria realidade com respeito ao dinheiro, e as finanças estão começando a mover as coisas com uma velocidade realmente dinâmica.

Você pode dar um exemplo sobre criar a limitação e como você mudou para criar sua própria realidade em torno do dinheiro?

As pessoas do lado da minha família que nunca teve dinheiro, sempre que conseguiam algum, perdiam, desperdiçavam. É como se estivessem investindo com um cara que dissesse: "Eu tenho uma máquina que vai criar energia livre. Dê-me $ 10.000", e era assim: "Bem, eu tenho $ 5. Vou reunir toda a minha família e eles podem me dar suas economias", e encontrariam maneiras de se livrar do pouco dinheiro que tinham.

Eu funcionava de uma maneira diferente. Gostava de ter dinheiro e poupá-lo. Guardava 10% e fazia meu melhor para me certificar de sempre ter dinheiro. Mas tudo o que minha família estava escolhendo limitou minha criatividade de uma forma muito dinâmica. Limitou minha disposição de saltar do penhasco quando havia uma possibilidade disponível.

Eu funcionei desse jeito no Access, até recentemente. E, então, uma das coisas que quero deixar as pessoas saberem é: caos e ordem existem. Nenhum deles está errado. Esteja disposto a abraçar o potencial do caos e as possibilidades caóticas que podem ser obtidas com o dinheiro e parar de tentar controlar tanto tudo.

E uma coisa que notei é que você está disposto a fazer qualquer coisa para fazer dinheiro.

Sim. Que tal também tentar isso, sabe? O pior que pode acontecer é que você falha, perde todo o seu dinheiro ou a coisa não emplaca. E experimentamos milhares de coisas nos últimos 16 anos. Especialmente com o Access, porque ele é tão diferente do que existe na tendência dominante, que você tem que tentar tantas coisas quanto puder, porque as coisas comuns não funcionam para nós. O que é um presente incrível.

Lembro-me de Richard Branson. Ele olhou e disse: "Bem, há a tendência dominante, e este outro lugar aqui, que é para onde eu vou". Olhe para o que ele criou. Ele criou ondas no mundo de cada ramo em que escolheu entrar; ou pelo menos dos que conhecemos. Provavelmente existem centenas de negócios em que ele tentou entrar e que, na verdade, não funcionou e ele falou: "Ok. Indo para o próximo". E acho que uma das coisas grandes que você precisa perceber é: "Ok, se isso não funcionar, será outra coisa". Não desista. Nunca pare. Nunca desista. Nunca se entregue. Não se permita ser parado por ninguém. O que é tão vital e essencial é que você comece a obter *sua* realidade em torno do dinheiro. E para mim, uma das coisas que percebi foi quando mudei a palavra "dinheiro" para "dinheiro em espécie", em algum lugar do meu mundo isso fez mais sentido. Muitas pessoas falam sobre o dinheiro, mas elas não têm ideia de que diabos é. Então, para mim, comecei a dizer: "Ok, em vez de dinheiro, o que eu vou começar a pedir é por dinheiro em espécie. Vou começar a pedir para criar dinheiro em espécie". Agora, isso aparece como notas de dólar? Não, não necessariamente. Mas, quando eu coloco em termos de "dinheiro em espécie ", para mim isso é algo mais tangível; não é apenas um toque na tela do computador e não é esse conceito estranho e nefasto que eu comprei desde muito jovem, assim isso me dá uma possibilidade diferente. E, para mim, isso é uma sensação de muito mais criativo.

Uma das minhas frases favoritas, que cito continuamente, Dain, é quando você disse: "O dinheiro segue a alegria, a alegria não segue o dinheiro". Então, você pode falar um pouco mais sobre isso e como chegou a esse reconhecimento?

Eu nem me lembro de quando percebi isso pela primeira vez. Lembro de estar em um carro com quatro dos membros da família pobre, e estávamos dirigindo esse carro que realmente precisava de uma revisão, mas ninguém podia pagar por isso e estávamos dirigindo atrás de um Mercedes, um Mercedes conversível. Olhei para aquele carro e foi tão engraçado, porque, no momento em que olhei, em minha mente, pensei: "Esse carro é fantástico. Mal posso esperar para ter um desses um dia". Eu estava provavelmente no início da adolescência naquela época e virei para alguém da minha família e disse: "Esse carro é fantástico". Uma das minhas tias rapidamente disse: "Dain, essas pessoas ricas não são felizes". Olhei à volta, para a família com a qual morava, olhei como eram infelizes e pensei: "Hum ... Não pode ser pior do que isso aqui... "

O que comecei a perceber na minha própria vida era que, nos dias em que estava deprimido e infeliz e não queria me levantar, o dinheiro não chegava. Reconheci isso quando eu era quiroprático. Se estivesse deprimido e infeliz, se eu não tivesse energia de vida, de viver e entusiasmo por estar vivo - aliás, foi por isso que me tornei um quiroprático em primeiro lugar, queria trazer essa energia para as pessoas. Se *eu* não tivesse isso, notava que ninguém queria marcar consulta. As pessoas ficavam assim: "Por que vou querer o que você tem?" Certo? E, então, o que eu comecei a perceber é, de verdade, o dinheiro segue a alegria. Quanto mais feliz você for, mais dinheiro você vai fazer.

É interessante porque todos conhecemos muitas pessoas que têm muito dinheiro e são tão infelizes. Olho para isso e, neste momento, sou tão abençoado. Viajo praticamente sempre em classe executiva e, quando tenho sorte, na primeira classe, onde quer que eu vá, porque é alegre para mim. E o que notei é que, mesmo quando não tinha dinheiro para isso, quando não havia facilidade para pagar por isso, eu ainda pagava, porque me trazia tanta alegria. Eu *sabia* que estava trazendo mais dinheiro, podia sentir isso. E acho que todos nós podemos e penso que eliminamos isso desde criança. Mas uma das coisas que notei é: se você estiver lutando com o dinheiro ou se você simplesmente não tem o quanto deseja, talvez um dos elementos que falte seja a alegria da sua vida; e talvez um dos elementos faltantes seja a alegria que você tem com dinheiro e dinheiro em espécie, como já falamos antes.

Uma das coisas que tenho notado, ao viajar na classe executiva, é quantas pessoas estão bravas, chateadas e sentindo-se totalmente superiores ou totalmente idiotas e imaginando que todos devem puxar o saco delas porque têm dinheiro. Não estão felizes. Não estão sendo legais com a comissária de bordo. Elas não estão gratas pelo fato de receber bebidas gratuitas. Olho para isso e falo: "Como pode?". Essas pessoas, supostamente, possuem o que todo mundo deseja. Pensam que têm o que todos desejam, que é o dinheiro, mas não têm nenhuma alegria para acompanhá-lo. E é interessante porque vi tantas pessoas assim e não entendo... quer dizer, entendo, porque eu vi tanto e percebo que é desse jeito que boa parte de nosso mundo funciona. Mas, na realidade, para mim, é assim que é na verdade: o dinheiro não diz respeito ao dinheiro. Eu amo o que Gary Douglas disse em uma das primeiras aulas que fiz com ele. Ele disse: "Olhe, o propósito do dinheiro é mudar a realidade das pessoas para algo mais grandioso". E falei: "Isso é tão legal. Finalmente, alguém que realmente tem um ponto de vista semelhante".

Você pode falar mais sobre mudar a realidade das pessoas com o dinheiro? Como é isso?

Eu sempre estava tentando fazer isso, mesmo quando criança, sabe? Quando era criança e tinha dinheiro no bolso e havia alguém mendigando na rua, se eles não estivessem apenas fazendo isso, se não parecesse que eles estavam apenas fazendo isso para encher o bolso, se eles realmente tivessem necessidade em seu mundo, eu chegava e dizia: "Aqui estão 10 dólares", e isso naquela época em que 10 dólares eram como um bilhão. Sabe, naquela época; tipo antigamente! Quando 10 dólares realmente significavam algo. E eu dava a eles porque minha percepção era: "Toma, isso talvez mude seu mundo. Eu não sei". E a parte engraçada era que, toda vez que fazia algo assim como dar $ 10, eu ganhava pelo menos 10 de volta.

Lembro-me de uma vez, quando estava caminhando pela rua. Havia economizado um dinheiro, tinha mais ou menos 20 dólares, e ia comprar um doce que eu queria, havia um brinquedo que eu queria e umas 25 coisas que iria comprar com meus 20 dólares. Meu Deus! Lembra daqueles dias? De qualquer forma, lá estava eu, e um cara apareceu, dava para sentir a carência em seu mundo e ele disse: "Ei, cara. Você tem algum dinheiro?". Eu ainda nem era adolescente. E disse: "Huh". Dei um sorriso grande e disse: "Claro. Aqui está". Fiquei tipo: ok, acho que não vou comprar meus doces e brinquedos agora. Então comecei a caminhar de volta para casa. Literalmente, virei a esquina e havia uma nota de $ 20 no chão. Pensei: "Uau. Isso é incrível". Assim, o que a alegria lhe dá é esse sentido da mágica da vida e do viver. Isso realmente pode aparecer desse modo e a maioria de nós já esqueceu disso, se o tivemos quando éramos crianças pequenas. Se você conseguir voltar a isso, o dinheiro aparece nos lugares mais estranhos.

E isso é o que acho tão vital de perceber: não se trata da quantidade de dinheiro que você possui. É sobre a alegria que lhe traz ao fazer o que quer que seja com ele. E é o mesmo comigo. Eu tinha 20 dólares. Eu dei meus 20 dólares, sabe?

Há tamanha generosidade de espírito nisso. Você pode falar mais sobre generosidade de espírito e o que isso cria?

É interessante porque, quando conheci Gary Douglas, ele não tinha uma enorme quantidade de dinheiro. Íamos a algum lugar, fazíamos alguma coisa e você pensava que ele era um bilionário por causa da generosidade de espírito que possuía. Esta é a coisa... a generosidade de espírito que você pode ter com dinheiro, com dinheiro em espécie e com o presentear. E também a maneira como você é no mundo é outra maneira de poder trazer o dinheiro e o dinheiro em espécie para você. O que acontece é que, quando você tem essa generosidade de espírito, é como se você estivesse aberto para presentear. E o que não percebemos é que o presentear e o receber ocorrem simultaneamente. A maioria de nós tentou excluí-los. Tentamos classificar como "presentear" e "receber", ou "dar" e "receber". Ou o que a maioria de nós realmente tem como nosso ponto de vista é "dar e pegar". Entendo que é assim que o mundo funciona, mas não é assim que você precisa funcionar.

E então você, eu, praticamente toda a equipe do Access, temos essa coisa que é uma generosidade de espírito, que nos traz a alegria de presentear algo a alguém. Somos presenteados com alegria ao ver alguém vestindo algo maravilhoso em que ficam ótimos e dizer: "Uau, gata. Você está sexy hoje!". Garoto ou garota; não importa. Mas o que isso faz é realmente criar uma energia de receber do próprio universo. E quando digo o "universo", não quero dizer: "o universo de conto de fadas". O que quero dizer é que todos somos parte do danado do universo, sabe? E assim sendo, não é apenas o universo que lhe dá seu dinheiro em espécie. Ele vem através de outras pessoas e através de outros lugares e isso cria uma energia onde essa entrada pode continuar a ocorrer por causa da simultaneidade de presentear e receber. Não é realmente um mundo de dar e pegar; nós que simplesmente criamos isso dessa maneira.

Você falou que teve duas famílias diferentes: uma que não tinha dinheiro e uma que tinha dinheiro. A energia de ambas era diferente. Qual diferença você notava?

Basicamente, para mim, a família que não possuía dinheiro tinha esse orgulho da pobreza, e vejo muitas pessoas que têm isso.

O orgulho da pobreza é uma das maiores coisas que vejo em pessoas que rejeitam continuamente o dinheiro. É como: "Você não sabe pelo que passei. Você não sabe como tenho que sofrer". Veja: você não precisa mais continuar com essa porcaria. Qual é o valor disso? Só porque sua família tinha isso, não significa que você deve ter também.

Agora, com o lado da família que possuía dinheiro, eles também eram sovinas; apenas com um estilo de vida melhor. À exceção do meu avô. Foi ele quem criou o negócio antes de mais nada, quem realmente criou enormes quantias de dinheiro em espécie e dinheiro que meu pai, meu tio, minha avó e o resto da família mais tarde gastaram e reduziram a nada. O reconhecimento disso mudou meu mundo, porque ele possuía uma generosidade de espírito e estava disposto a presentear continuamente, e sempre ganhava mais.

Você pode me contar um pouco mais sobre seu avô? Qual era o negócio e como ele estava nisso?

Meu avô tinha uma generosidade de espírito inerente. E, quando eu estava crescendo, um dia lhe mostrei meu boletim e ele disse: "Ok" e me deu $ 600. Foi quando estava no colegial. Arregalei os olhos, porque gosto de dinheiro em espécie, certo? Eu amo dinheiro. Fico assim: Isso é incrível! Isso é tão legal! E cresci os olhos mesmo e perguntei: "Para que é isso?". E ele falou: "Para todos os As que você tirou". Tirei 6 As nas 6 matérias. Eu disse: "Sério?". Ele respondeu: "Sim. E toda vez que você tirar um 'A' vou lhe dar 100 dólares e para cada 'B', vou lhe dar $ 50". Adivinha quem tirou 'A' direto ao longo do ensino médio?

E, sabe, é tão interessante. Você realmente, às vezes, não percebe o que o afetou na vida até que alguém lhe peça para contar a história sobre isso. Está acontecendo agora. Estou passando por muitas coisas. Percebo que uma enorme parte da realidade financeira que sou

245

capaz de ter agora vem daquilo que meu avô vi ser, coisas pelas quais ninguém em nossa família lhe deu crédito e ninguém reconheceu como grandeza. Ele realmente possuía uma grandeza nesta área. Portanto, essa única coisa, essa generosidade de espírito era simplesmente incrível para mim, mas também a simples disposição de dar dinheiro em espécie, doar dinheiro, e não era como dar para fazer algo que não seria útil. Ele sabia quando isso mudaria a realidade de alguém. Tinha o mesmo ponto de vista que Gary.

O que ele fez com aquele primeiro boletim do ensino médio foi me mostrar algo pelo qual eu realmente quisesse trabalhar e escolher e eu, literalmente, consegui vários As. Provavelmente tirei dois B+ no ensino médio. Mas, no mais, foram basicamente notas muito boas. E isso foi parte da motivação, mas eu não estava fazendo isso apenas pelo dinheiro. Estava fazendo isso porque alguém estava realmente me reconhecendo com esse presente, me enxergando e vendo que eu tinha valor. Quando trazia meu boletim para casa, para meu pai e minha madrasta, eles olhavam e diziam: "Oh, legal. Vou assinar para comprovar que já vi" e não havia energia. Não era: "Nossa, Dain, ótimo trabalho. Nós nunca poderíamos fazer isso". Então, o que o meu avô fez foi me fazer ir além e buscar por mais, e, de novo, essa é uma das coisas que podemos fazer com o nosso dinheiro: contribuir com as pessoas para que ele permita que elas busquem por mais.

Existem momentos decisivos em que você teve consciência do que a energia do dinheiro pode criar ou não criar?

É interessante, porque o negócio familiar do meu avô se chamava Robotronics e as pessoas sempre ligavam e perguntavam: "Vocês têm robôs?" E ele dizia: "Não, na realidade não temos isso". Eles vendiam máquinas de escritório com o serviço. Mas ele percebeu, desde muito jovem, uma necessidade que poderia ser atendida, criou o negócio quando ninguém tinha um negócio que fizesse isso. Ele tinha todo tipo de grandes clientes, grandes bancos e grandes instituições, tudo isso na época em que se usavam máquinas de escrever, copiadoras e esse tipo de coisa. Bem, quando as coisas começaram a evoluir para a era do computador, ele queria entrar nisso e meu tio e pai, que tinham um certo interesse no negócio naquela época, diziam: "Não. Não podemos fazer isso". Blá, blá, blá. Eles não estavam dispostos a ver o futuro. Essa é outra coisa que meu avô possuía. Ele estava disposto a ver o futuro, a olhar para o que suas escolhas criariam em termos de negócios e de pessoas, e fazer o que pudesse para criar o maior resultado.

Vejo muitas pessoas que, número um, não percebem que têm essa capacidade, e penso que muito disso é porque estão presas na realidade financeira da família. Mas outra coisa é que, a certa altura, meu tio realmente criou um negócio como o Kinkos, que está pelo menos nos Estados Unidos, mas sei que está em muitos lugares do mundo. Kinkos é basicamente um escritório de balcão, se você precisa alugar espaço, se precisa de uma copiadora, se precisa de cópias, se precisa imprimir banners, e assim por diante. Meu tio realmente criou isso cerca de 15 anos antes do Kinkos chegar, mas ele estava tão comprometido em não ter dinheiro e tão comprometido em se destruir, em provar que estava certo com seus pontos de vista fixos, que fracassou. Agora, você pode dizer que ele estava à frente de seu tempo. Estava sim. Mas também, se ele tivesse o ímpeto que meu avô possuía, você estaria falando com um multibilionário agora, porque ele realmente criou esse conceito antes de qualquer outra pessoa no mundo.

Muitas pessoas ficam presas no ponto de vista da família. E para você, você comprou isso? Criou sua própria realidade? Como as pessoas podem sair do que as prende ao ponto de vista da família?

Olhando para todas essas coisas financeiramente, vejo de onde surgiram muitos pontos de vista, bons e ruins, ou expansivos e limitados, mas o que realmente é imperativo agora é ir além de tudo isso, ir além de todo o passado. É como: "Legal. Eu tive isso do lado da família da minha mãe. Tive aquilo do lado da família do meu pai. Tive essa insanidade aqui por conta da pobreza. Eu tive essa insanidade ali pela falta de disposição de ter dinheiro quando eles tiveram dinheiro e perderam e destruíram, mas quer saber? O que eu gostaria de criar hoje?". Sim, eu consegui tudo isso, e o que sugiro que as pessoas realmente façam é lembrar e anotar todas as grandezas que aprenderam sobre o dinheiro com as pessoas ao seu redor enquanto cresciam. Que percepções você tinha que nunca realmente pôs em prática; nunca reconheceu que estavam lá? E também quais são as limitações? E leia essa lista inteira e faça isso 10 vezes, 20 vezes, 30 vezes até que olhe para isso e não tenha mais carga alguma quanto a isso. Porque o que realmente se requer não é apenas olhar para o nosso passado, revivê-lo, olhar para ele e dizer: "Bem, é por isso que eu tenho esse ponto de vista. Ok, legal. Vou continuar mais um pouco com esse ponto de vista". É reconhecer que o ponto de vista é uma limitação: "Uau. Que legal. Agora pelo menos sei um pouco por que tenho esse ponto de vista. Agora eu vou além dele".

Odeio dizer isso, mas meu ponto de vista sobre esses pontos de vista e nossas limitações do passado é: "Quer saber: foda-se!". Sim, eu vivi isso. Experimentei abuso horrível quando estava crescendo, físico, emocional, mental e praticamente todos ao meu redor me odiaram por uma grande parte da minha vida. Sabe, minha madrasta, a família com quem morei no gueto com minha mãe, tudo bem, tudo bem. Ótimo. Eu vivi isso. E agora? Agora o que quero criar com a minha vida hoje? Tenho 10 segundos para viver o resto da minha vida, o que vou escolher a partir daqui? Não é: "Eu tenho isso aqui, então preciso levar adiante". É assim: "Aí está. Agora, o que posso fazer para ir além disso?".

Existe algum outro tipo de ferramenta realmente pragmática que você poderia dar às pessoas que estão assim: "Sim, sim, sim. Ele fez isso. Ela fez isso. Mas e quanto a mim?". Tem algo mais que você pode acrescentar para iluminar as pessoas, para capacitá-las a escolher algo diferente sobre o dinheiro e sobre suas vidas?

Com certeza. E estou falando muito sério quando digo isto: compre o novo livro da Simone! E o que eu sugiro é que escreva esta pergunta: "O que é que está mais grudado em mim, do meu passado, a respeito do dinheiro e dinheiro em espécie?". E escreva um romance maneiro se precisar. E, então, queime essa droga. Ok? Isso foi o seu passado. E aqui estão as outras coisas que gostaria que você contemplasse, e talvez até escrevesse, se estiver disposto, mas o que você deveria contemplar é: "Qual é o presente que ganhei por ter vivido isso?". Veja, continuamos a olhar para isso como se fosse uma maldição. Não é.

Tenho uma consciência inerente de como funcionam as pessoas que têm muito pouco dinheiro. Tenho uma consciência inerente de suas inseguranças, seus desejos e sua sensação de que não podem fazê-lo. Bem, qual é o meu trabalho no mundo? Facilitar as pessoas a sair dessa merda. Então, esta percepção inerente que tenho: não sei se poderia fazer o que faço sem o abuso que experimentei. Provavelmente poderia, mas não da maneira que faço. Não do jeito que realmente funciona para mim, e de uma maneira intensa às vezes. E também, com as coisas financeiras, é como: dado o que experimentei, consegui um lugar do qual posso falar que me permite fazer o que estou fazendo aqui no mundo. E o que percebi com as centenas de milhares de pessoas que passaram pelo Access, no tempo em que nós dois estamos aqui, é que todos têm alguma coisa que estão fazendo aqui. Todos têm algo em sua vida que contribuiu para que estejam aqui, fazendo o que fazem. Uma vez que você começa a entrar no rastro ou na trilha desse presente, as coisas começam a mudar drasticamente, porque você sai do julgamento do que vivenciou e começa a olhar para o presente do que experimentou. E depois começa a olhar e: "Uau". E, então, a outra pergunta a fazer é: "Como posso usar isso para criar dinheiro e dinheiro em espécie?".

Você está, na verdade, usando sua infância, a maneira como você cresceu, usando a cultura, a família, tudo em seu proveito.

Exatamente. E usar qualquer outra ferramenta que tiver. Se quiser escrever mais algumas coisas, você pode querer escrever: "Quais outras ferramentas e dons eu tenho que me permitirão criar muito dinheiro, mais dinheiro e mais dinheiro em espécie do que jamais pensei que pudesse?". E anote o que mais você tem.

Além disso, há uma parte dessa coisa de não se levar tão a sério. Sabe, fazemos tanto isso e o que você estava falando no início do programa, sobre a leveza e fazer com alegria, e você tem o Joy of Business (Alegria dos Negócios) como um de seus negócios e também um livro e, quando soube disso, quando vi você fazer negócios a partir da alegria, era exatamente isto: não se levar tão a sério. Ter muito mais diversão. Fazer o que é divertido, não se levar tão a sério e aí você realmente começará a criar mais dinheiro do que já pensou ser possível.

As pessoas veem você agora e você é bem-sucedido, possui dinheiro, é conhecido mundo afora. Mas não foi aí que você realmente começou. Como você via o criar o seu futuro e qual energia que você foi, que você teve de ser? O que você escolheu quando decidiu realmente começar a cobrar mais para você, começando a receber mais dinheiro em sua vida pelo que você realmente faz e é?

Quando comecei, cobrava $ 25 dólares por sessão, pelas minhas sessões de quiropraxia, a maioria das pessoas obtinham o que queriam quando estavam dispostas a pagar 25 dólares, que era como um ingresso de cinema. Era assim: "Oh, foi uma boa diversão. Muito obrigado", e elas iam embora. E, então, veio Gary Douglas, que entrou no meu consultório e disse: "Você está cobrando muito pouco pelo que faz". Mas fiz uma sessão nele e ele disse: "Isso literalmente salvou minha vida". E eu falava: "Sério? Eu?". Porque meu nível de insegurança na época era incrível. Tem sido um processo ao longo dos últimos 16 anos! E o que as pessoas não percebem é que veem alguém com um nível de sucesso, ou um nível de abundância ou um nível de qualquer coisa que elas pensam que desejam e não percebem quanto tempo levou para aquelas pessoas chegarem lá. Não percebem quantos erros cometeram. Não percebem quantas inseguranças tiveram que superar.

Portanto, o que quero dizer às pessoas é: onde quer que você esteja agora, comece. E tenha esta sensação: se você pudesse colocar, na sua frente, a energia do que seria, ganhar talvez três a quatro vezes o que você está ganhando agora... e perceba a energia disso. E obtenha a energia do que seria viajar pelo mundo, se você quisesse. Ou, pelo menos, ter o tempo e o dinheiro para viajar. Perceba a energia de como seria, não apenas pagar suas contas, mas ter o nível de prosperidade e abundância financeira que você gostaria e dinheiro extra no banco ou no colchão ou onde quer que você guarde em casa.

E, também, obtenha a sensação do que seria fazer algo que realmente contribuísse para as pessoas e que isso mudasse o tempo todo, em que você trabalhasse com pessoas divertidas e, de fato, aproveitasse sua vida e seu viver. Tenha a sensação dessa energia e, em seguida, puxe energia para isso a partir de todo o universo e deixe pequenas gotas saírem para todos e tudo o que vai ajudar a tornar isso realidade para você, que você ainda nem sequer sabe. Bem, esse é um exercício do livro que escrevi *Sendo você, mudando o mundo*. E, realmente, trata-se de ser você mesmo. O que seria singular para você, que seria essa energia, se todas essas coisas aparecessem? E, então, qualquer coisa que se pareça com isso, mova-se nessa direção. As pessoas não percebem que há algo que realmente irá guiá-las que é a sua consciência, a sua conexão com tudo o que é, eu diria. E o que é tão engraçado é que pessoas bem-sucedidas nos negócios parecem fazer isso naturalmente. Mas, muitas delas têm descaso com energia. E para mim é algo do tipo: "Sim, mas aqui está o que você está fazendo energeticamente". E elas dizem: "Tá, tá, tá. Não. Não diga a palavra 'energia'. Muito obrigado".

Mas, se consegue ter um senso disso, isso começa a criar você estando disposto a entrar no futuro. Então, você puxa energia para isso, de todo o universo, até ficar realmente grande e pede ao universo para contribuir. E olha só isso. Escuto muitas pessoas dizendo "universo" como se fosse algo fora delas. Você é parte do universo! Assim, reconheça que é você pedindo algo baseado em você estar conectado a ele e, em seguida, deixe escorrer pequenas gotas para todos e tudo o que vai ajudar a tornar isso realidade para você. E, ao fazer isso, o que começa a fazer é criar o futuro energético que gostaria de ter, e a parte estranha e maravilhosa sobre isso é que todas as partes e peças do que seria criar essa energia começam a chegar até você. Mas você deve estar disposto a recebê-las quando surgirem.

E é aí que entramos nessa coisa que falei sobre como eu continuava tentando ordenar a minha família, então quando algo aparecia e era muito "grande", eu dizia: "Oh, não. Não posso fazer isso", em vez de fazer uma pergunta. E esta é a próxima coisa a fazer, quando algo aparecer, *não* é dizer: "Eu não posso fazer isso", mas "O que se requer para eu fazer isso?". E este é realmente o ponto de vista funcional: "O que se requer para eu criar isso?", em vez de estar no modo de insegurança do que não posso fazer e o que não consigo criar.

Então, existem os lugares onde você tem essas inseguranças, ou razões, que criou como reais, ou as coisas que criou que você enxerga como um erro, mas que não são na verdade. Uma coisa que vejo em você, Dain, é que você escolhe continuamente algo mais grandioso, custe o que custar.

Sim, exatamente. Uma das coisas que vejo as pessoas fazerem quando uma nova possibilidade aparece é que elas decidem automaticamente que não podem fazer, antes mesmo de começarem. Este é um dos lugares onde nos paramos tão dinamicamente. Se você olhar para minha vida, tenho muitas razões para dizer não. Tenho muitas razões para me parar. Tenho muitas razões pelas quais eu não deveria ser capaz de fazer. Mas tenho que dizer, graças ao Access e às ferramentas do Access Consciousness - porque isso é realmente um incrível tesouro de ferramentas para mudar as coisas -, graças a isso e à minha proximidade com você, minha proximidade com Gary e meus amigos que, na verdade, me dão suporte e com quem posso contar quando percebo que tenho uma limitação e quero mudar isso; graças a tudo isso, é como se meu passado não governasse mais o meu futuro. E penso que esta é uma das maiores dificuldades que as pessoas têm; o passado delas governa seu futuro. Uma grande possibilidade aparece e elas dizem: "Não. É muito caótico. É demais". Bem, adivinha só? Caos é criação. E a coisa sobre o caos é que continuamos pensando que a ordem é boa e o caos é ruim. Consciência inclui tudo e não julga nada; e é por isso que é Access Consciousness que nós fazemos. Inclui tudo e não julga nada.

Se você olhar o seguinte por um momento: o motor de combustão interna - sabe, aquilo que alimenta sua droga de carro, ele funciona com o caos. As explosões no motor são o que conduz o seu carro. Se você tentasse eliminar o caos completamente, seu carro não se moveria mais. É a mesma coisa com o carro da sua vida. O que você quer fazer é pegar o caos e ordená-lo tão bem, a ponto de criar uma coerência entre o caos e a ordem que lhe permite avançar. E eu digo isso e muitas pessoas dizem: "Ahn?? O quê? Eu não entendi..."

Aqui está a beleza disso: você não precisa saber como funciona. Mas deve estar disposto a parar de tentar evitar o caos que aparece, as coisas que você pensa que são demais e as coisas que você pensa que estão fora de controle, porque, talvez, sair do controle seja exatamente o que você precisa para dar o próximo passo.

Então, que perguntas as pessoas podem fazer, se estiverem dizendo: "Ah, sim, sim. Esse cara pode fazer, mas como eu posso fazer?".

Ah, apenas reconheça, eu não sabia que poderia fazer, não achava que poderia fazer isso também, mas estava disposto a tentar. E é isso que você realmente precisa estar disposto a fazer, ir fundo. O pior que pode acontecer é não funcionar. Bem, adivinha só? Quantas outras coisas você fez que não funcionaram? Além do mais, cada uma dessas coisas que são nossas inseguranças, e aqueles lugares onde dizemos não, são lugares onde estamos tentando ordenar algo do nosso passado. Cada um desses. E se você olhasse para isso e perguntasse: "Estou tentando ordenar algo aqui?".

Reconheça que tentar ordenar o seu passado é o que está impedindo de criar seu futuro.

O que mais você gostaria de dizer antes de encerrar a conversa?

Seu ponto de vista cria sua realidade, sua realidade não cria seu ponto de vista. Essas ferramentas mudam seu ponto de vista para que sua realidade apareça de forma diferente. Você não precisa sofrer pelo dinheiro. Eu estou com você. Todos podem mudar sua situação financeira. Você fez isso. Eu fiz. E vimos tantas pessoas que vieram ao Access que também o fizeram, mas você deve realmente estar disposto a fazer o trabalho. Não é uma pílula mágica, mas com certeza funciona como uma bela varinha mágica, às vezes!

Você pode mesmo mudar o curso de suas estrelas. Você pode mudar qualquer coisa. E se você realmente fosse o presente, a mudança e a possibilidade que esse mundo requer? Você está escolhendo saber disso? Porque você é isso.

www.ingramcontent.com/pod-product-compliance
Lightning Source LLC
Chambersburg PA
CBHW011302210326
41599CB00035B/7090